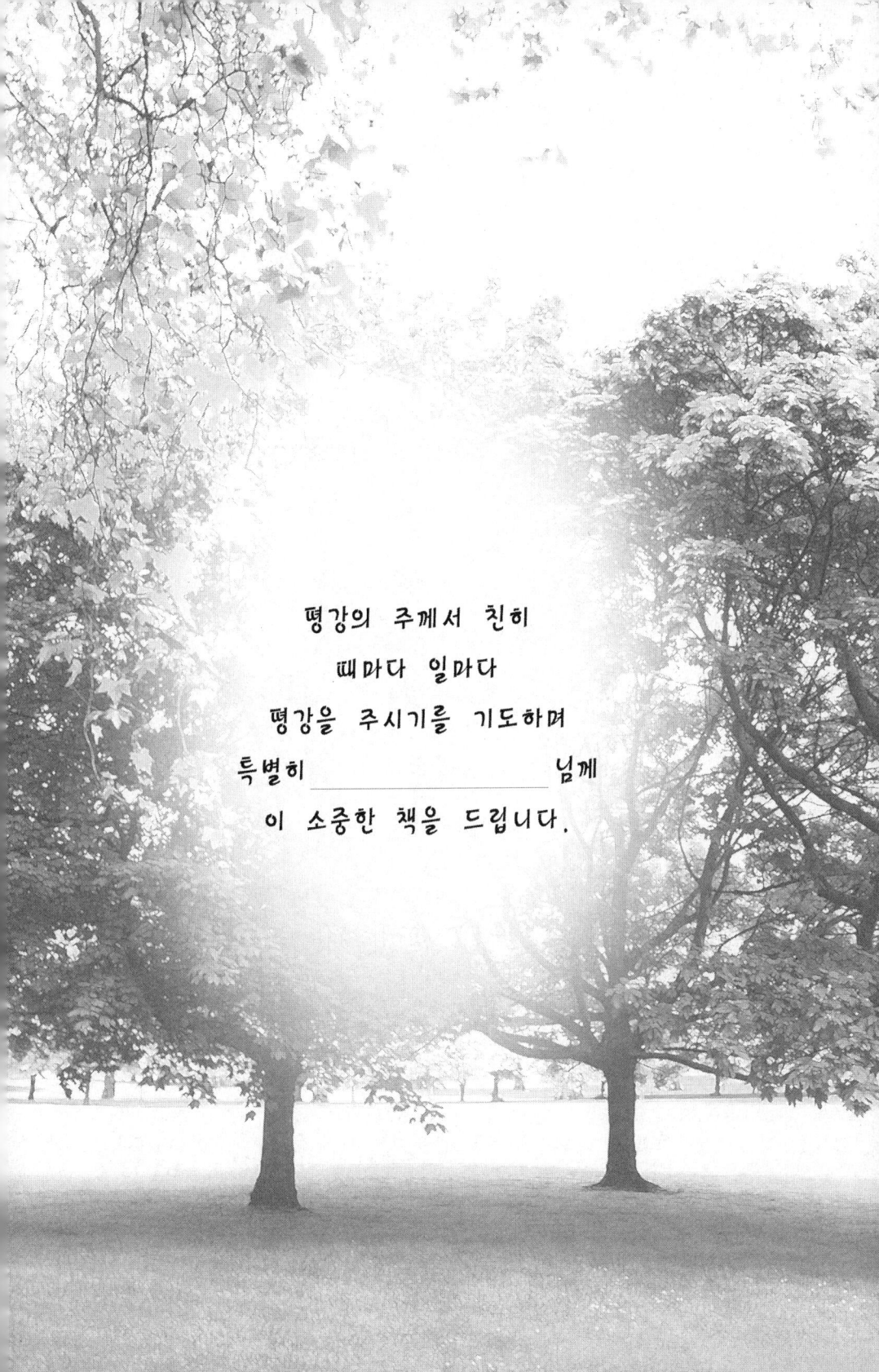

평강의 주께서 친히
때마다 일마다
평강을 주시기를 기도하며
특별히 _____ 님께
이 소중한 책을 드립니다.

# 반석 위에 인생을 세우는 법

해돈 로빈슨 지음 / 김문철 옮김

나침반

*The Solid Rock Construction Company*
Copyright © by Haddon W.Robinson
Translated and published by Permission of Discovery House Publishers.

## 머리말

**나**는 설교학에 대해 연구하고 그것을 가르치는 일과 실제로 설교를 준비해서 그것을 전달하는 일에 내 생애를 바쳤다. 어떤 사람들에게 이 말은 쇠의 부식 과정을 지켜보는 것만큼이나 흥미 진진하게 들린다.

나는 설교 연구가 매우 도전적이고 만족스러운 것임을 깨달았다. 유명하든지 유명하지 않든지 간에, 위대한 설교자들은 그들 시대의 필요와 쟁점(爭點)들을 언급했다. 또한 그들은 인생의 지뢰밭에 갇혀 있는 사람들에게 관심을 기울였다. 그들에게 경고의 말씀을 주고 그들을 인도하는 일까지 마음을 썼다. 그리고 인생의 파편에 상처를 입은 사람들을 발견했을 때는 그들을 위로하는 설교를 하였다. 무엇보다도 그들은 호소력이 있었다. 때때로 어떤 설교가들은 경멸의 대상이 되었고 몇몇은 우상이 되다시피 했다. 또 설교자들은 언론의 극찬을 받거나 혹평을 받았다. 그러나 설교자들이 주목을 받지 못할 때조차도 그들은 호소력이 있었다. 하나님과 회중을 섬긴 설교자들은 보통 사람들도 이해할 수 있는 말씀으로 청중들의 상황에 맞도록 성경을 잘 전했다.

설교자들과 설교에 대한 관심 때문에 나는 역사상 저명했던 설교자들, 즉 요한 크리소스톰(John Chrysostom), 알렉산더 맥클라렌(Alexander Maclaren), 조지 휫필드(George Whitefield), 보어햄(F.S. Boreham), 찰스 스펄전(Charles Spurgeon) 등의 설교를 연구했다. 또한 오순절 때에 베드로의 설교가 강한 바람과 불같이 능력 있게 전파된 이유를 설명하지 못하는 설교 원리는 말할 만한 가치도 없다는 가정 하에서, 누가가 사도행전에 기록했던 설교들에 특별한 관심을 기울였다.

어떤 이유로, 나는 몇 해 전까지만 해도 예수님의 산상수훈에는 그만큼의 열심을 보이지 않았다. 그러다가 내가 산상수훈을 연구하기 시작했을 때는 어려운 일이 일어났다. 내가 산상수훈을 연구하는 것이 아니라 그 설교가 나를 연구하는 것처럼 보였던 것이다. 예수님의 설교가 마태복음의 지면에서 뛰쳐나왔으며, 나는 예수께서 자신의 제자들과 주후 1세기의 바리새인들에게 하신 말씀을 들은 것이 아니라 오히려 예수님이 내 안에 있는 바리새인을 향하여 하시는 말씀을 들었다.

나는 거의 일 년 동안 일단의 사업가들에게 산상수훈을 가르쳤는데, 그들은 산상수훈 설교를 다시 듣기 위하여 아침 일찍 잠자리에서 일어나느라 애를 썼다. 그들은 설교 테이프들을 사서 여러 번 각 설교를 듣고, 예수께서는 2천 년 전 이스라엘의 한 언덕에서 말씀하셨지만 오늘날에도 그 말씀은 여전히 그들을 자극한다는 확신을 내게 주었다. 나의 설교를 듣는 정부 관리들과 일반 대중과 근로자들은 『잃어버린 단추 : 정신과 의사의 사례집』(*A Few Buttons Missing : The Case Book of a Psychiatrist*)에 있는 다음과 같은 제임스 피셔(James T. Fisher)의 판단을 그대로 되풀이하여 말했다.

만일 당신이 정신 위생이라는 주제에 관하여 가장 적임자인 심리학자들과 정신과 의사들이 쓴 모든 권위 있는 논문들을 모아서 다듬고 장황한 말투를 간결하게 손질할 수 있다면, 만일 파슬리 같은 양념 없이 고기 덩어리만 취할 수 있다면, 만일 당신이 가장 유능한 시인들이 정확하게 표현한 아무런 불순물이 없는 순수 과학적 지식을 가질 수 있다면, 당신은 어색하고 불완전하지만 산상수훈을 요약할 수 있을 것이다. 산상수훈을 요약하는 일은 다른 일에 비하면 측량할 수 없을 정도로 힘이 들 것이다.

산상수훈 연구가 그 사업가들에게 끼친 영향을 생각할 때, 내가 그 내용을 출판하는 것이 그리 건방진 일은 아닐 것이라고 생각했다. 이 책을 출판하면서 나는 서재에 있는 여러 주석가들의 연구 내용에서 많은 도움을 얻었다. 우선 위대한 설교가 마틴 로이드 존스(Martin Lloyd-Jones)가 예수님의 산상설교에 관해 쓴 두 권의 설교집이 있다. 그리고 도날드 카슨(Donald Carson)은 예수님의 말씀을 사려 깊고 적절하게 해설함으로써 내게 도움을 주었다. 금세기말 출간된 마태복음 5-7장에 관한 가장 중요하고 가장 학문적인 연구서는 의심할 여지 없이 로버트 겔리취(Robert Guelich)의 저서인데, 나는 본문에 대한 그의 상세한 설명들에서 큰 도움을 받았다. 윌리엄 바클레이(William Barclay)의 주석들은 학문이 결코 경직되어서는 안 된다는 사실을 다시 한번 보여 주었다. 그의 설명과 적용은 독자가 마음과 뜻과 목숨을 다하여 하나님을 사랑할 수 있도록 돕는다.

나는 이 연구를 출판하라고 권해 준 옛 친구 로버트 드브리스(Robert DeVries)에게 고마운 마음도 들고 한편으로는 그의 권함을 나무라고 싶은 마음도 든다. 또 구어체를 문어체로 바꿀 수 있도록 도움을 준 새 친구 폴 힐만(Paul Hillman)에게 감사

드린다.

　예수님의 산상수훈에 관하여 저술하면서 내가 태양 속에서 플래시를 켜고 있지는 않나 하는 생각에 마음이 편치 않았다. 그러나 설교자가 최선을 다해 설교했다면 그것으로 된 것이라고 스스로를 위로한다.

청사진   13

| | 제1장 | 세 가지 방향의 섬김   23 |
| - | - | - |
| | 제2장 | 하나님과의 직통 전화   37 |
| | 제3장 | 나를 통한 하나님의 반영   45 |
| | 제4장 | 내 속에 구현(具現)된 하나님의 성품   55 |
| | 제5장 | 영원을 지향하는 자의 재물관   69 |
| | 제6장 | 염려의 치유   85 |
| | 제7장 | 관용의 수준   107 |
| | 제8장 | 집요한 유혹에서 승리하는 비결   123 |
| | 제9장 | 기도하는 자의 자세   137 |
| | 제10장 | 타인에게 베푸는 원리   147 |
| | 제11장 | 우리가 택해야 할 길과 문   161 |
| | 제12장 | 참 선지자와 거짓 선지자의 구별   175 |
| | 제13장 | 우리 삶의 기초를 어디에 두고 있는가?   185 |

# 청사진

**20**세기 초의 유명한 설계가이자 건축가인 애디슨 마이즈너(Addison Mizner)는 남부 플로리다 주의 부유층들에게 많은 가옥들을 설계해 주었다. 비록 그는 전문적인 교육을 거의 받지 못했고 한때는 계단이 없는 이층 집을 짓기도 했지만, 그에게는 아름다운 가옥들을 짓는 비결이 있었다. 그리고 부유한 엘리트들이 꾸준히 그를 찾았다. 한번은 고객 윌리엄 그레이 워든(William Gray Warden)이 친구들에게 보여 주기 위하여 팜비치(Palm Beach)에 지을 그의 새 건물 청사진을 복사해 줄 것을 마이즈너에게 요구했다. 이에 마이즈너는 "왜요, 그 집은 아직 짓지 않았는데요! 건축이 먼저고 청사진은 나중입니다"라고 대꾸했다.

여러 면에서 마이즈너의 대답은 건축 철학일 뿐만 아니라 우리의 인생을 설명해 주는 말이다. 우리는 종종 과정보다는 결과에 더 관심을 갖는다. 1세기의 바리새인들처럼 외적인 완성이 내적인 완성보다 더 중요하다. 우리는 이 집 저 집을 보러 돌아다니면서 기초를 보는 것이 아니라 집의 세세한 외형만을 살펴본다. 때때로 우리는 제 2의 시각을 가질 필요가 있다. 어떤 사람의 집은 그의 성(城)일 수도 있지만, 모든 집이 성인 것은 아니다. 어떤 집은 설계가 제대로 되지 않거나 공사가 부실해서 바닥이 썩어 가고 부서져 간다. 우리는 삶을 계획하거나 집을 건축할 때 청사진대로 건축해야겠지만, 건축 설계자의 도면은 하나의 지침일 뿐이다. 설계의 변화 없이 세워지는 집이나 인생은 하나도 없다. 그러나 청사진이 있다면 우리에게는 목표가 있는 것이다.

## 좋은 설교의 기본 요소

나의 전문 기술은 집을 짓는 것이 아니라 설교를 하는 것이지만, 나는 계획의 중요성을 알고 있다. 결국 좋은 설교는 영적인 청사진에 지나지 않는다. 내가 열한 살이었을 때, 뉴욕에 있는 갈보리 침례교회에 가서 시카고 무디 교회 목사인 해리 아이언사이드(Harry Ironside) 박사의 설교를 들었다. 나는 그의 설교 내용을 세세하게 일기장에 기록한 후, 다음과 같은 논평을 기록했다.
"어떤 사람은 20분 동안 설교해도 한 시간이 지난 것 같고 어떤 사람은 한 시간 동안 설교해도 20분밖에 지나지 않은 것처럼 생각된다. 그런 차이는 어디서 생기는 것일까?"

나는 평생 그 질문의 해답을 구해 왔고, 그 과정에서 5천 편의 설교를 듣거나 읽고서 연구했다고 생각한다. 그것이 내가 예수님의 산상수훈에 이끌린 이유 중의 하나이다. 또 내가 이 책을 저술한 것도 그런 이유에서이다. 예수께서 산상수훈에서 어떤 말씀을 하셨으며 어떤 방법으로 말씀하셨는가? 나처럼 설교를 연구하는 사람들은 좋은 설교에는 **세 가지** 기본적인 요소들이 있다는 사실에 동의한다.

**첫째로, 좋은 설교는 통일성이 있다.**
보통은 분리되어 있는 것처럼 보이는 것들이 전에는 존재하지 않거나 인식되지 않던 통일을 이룬다. 미국 동전에는 "다수의 통일"(e pluribus unum)이라는 라틴어 명문이 새겨져 있다. 좋은 설교는 많은 진리 중에서 나오는 하나의 단순한 진리이다. 그것이 통일성을 지니는 것이다. 이러한 평가 기준은 "좋은 설교는 통일성이 있어야 한다고 말하기로 합시다"라고 말한 일부 밀실 회합 전문가들에게서 나온 것이 아니다. 우리가 개별적인 것들을 볼 때는 언제나 통일시키려고 한다는 사실에서 이러한 기준이 나온다.

우리는 밤에 하늘을 올려다보고는 "북두칠성이 참 밝기도 하다"라고 말한다. 우리가 실지로 보고 있는 것은 백만 광년 떨어져 있는 별들이지만, 통일성을 요구하는 우리의 욕망은 그 각각의 별들을 하나의 별자리로 합친다. 우리는 별들을 전체로 묶어서 본다. 통일성의 필요는 듣는 사람의 마음에 있는 법칙이다. 만일 좋은 설교가 통일성이 없다면, 그 설교는 오히려 우리를 성가시게 할 것이다. 사실, 그런 설교는 결국 우리를 지루하게 만든다. 가옥과 설교와 삶에서 조각들은 잘 맞춰져서 통일을 이룬다.

**둘째로, 좋은 설교는 질서가 있다.**
설교 한 편은 적정 시간 내에 전해지는 통일된 한 단위이다. 우리가 설교를 들으면서 전반적인 통일성을 느끼려면, 설교의 각 부분이 필요 적절하게 제시되어야 한다. 좋은 설교는 우리 마음 속에 숨어 있는 질문들에 대한 해답을 알맞은 때에 해 주어야 한다.

**셋째로, 좋은 설교는 진행, 곧 움직이는 느낌이 있다.**
우리는 설교자가 어딘가를 향해 가고 있다는 느낌을 받는다. 그리고 우리는 그가 목표하는 곳에 이르러서 멈출 것이라는 편안한 느낌을 가지고 있다. 그는 단지 시간을 때우려고 계속 설교하지는 않을 것이다.

**통일성과 질서와 진행, 나는 산상수훈에서 이 세 가지 요소를 모두 발견했다.** 내가 이 책에서 사상의 흐름을 계속 개괄하는 이유 중의 하나는 당신이 예수님의 설교에서 통일성과 질서와 진행을 보도록 하기 위해서이다. 이 요소들을 보지 못하는 사람은 산상설교 각 부분을 우스꽝스럽게 판단할 것이다. 산상수훈을 이해하려면 우리는 그것을 전체로서, 완전하게 보아야 한다.

그러나 한 설교에서 어떻게 통일성과 질서와 진행을 이루는가? 이것을 성취하려면 설교는 단 하나의 중심 개념이 있어야 한다. 좋은 설교는 확장되고 확대된 하나의 개념이다. 다른 말로 하면, 좋은 설교는 거기에 통일성과 질서를 부여하는 하나의 중심 사상으로 요약될 수 있다. 우리가 그 중심 사상을 발전시킬 때, 설교에서 진행의 요소가 이루어진다.

### 의(義)의 원리

예수께서 산상수훈에서 발전시킨 중심 주제는 어떻게 사람이 하나님의 표준에 도달하는 의를 얻을 수 있는가 하는 것이었다. 그분이 우리에게 그 주제에 관하여 말씀하신 것은 그와 같은 의는 율법과 규례와는 무관하며, 하나님과의 관계와 그 관계에서 나오는 다른 사람들과의 관계와 상관이 있다는 것이다. 이러한 개념이 산상수훈의 중심이다. 예수께서는 일찍이 그런 개념을 비추셨다.
"내가 너희에게 이르노니 너희 의가 서기관과 바리새인보다 더 낫지 못하면 결단코 천국에 들어가지 못하리라"(마 5:20).

바리새인들은 그 당시의 주요한 일단의 독신자(篤信者)들이었다. 그들이 보기에 종교는 율법과 규례, 책임과 의무로 이루어졌다. 그러나 문제의 핵심은 그들의 종교에는 본질이 빠져 있다. 예수께서는 만일 우리가 하나님께서 받으실 만한 의를 가지려면, 하나님과의 관계와 다른 사람들과의 관계로부터 의를 발전시켜야 한다고 말씀하셨다.

예수께서는 마태복음 5장에 있는 산상수훈을 시작하시면서, 천국에 들어가는 사람들의 특징이 되는 자세인 팔복을 우리에게 제시하셨다. 팔복이 있는 사람들은 그 믿음의 기초를 율법이 아니라 관계에 둘 것이므로, 썩어 가는 이 어두운 세상에서 소금과 빛이 될 것이다. 그들은 하나님과의 관계 속으로 더 깊이 들어갈 때 진리를 이해하게 될 것이다. 그들이 진리를 이해하도록 돕기 위하여 예수께서는 여섯 가지 예화, 곧 살인과 분노, 간음과 정욕, 이혼과 이기심, 맹세와 속임, 보복과 권리, 증오와 사랑에 대한 예화를 들어서 설명하셨다. 이 모든 예화에서 예수께서는 내적인 의(義)에서 흘러나오는 원리들을 말씀하셨다.

마태복음 6장 1절에서 예수께서는 다음에 이어지는 열여덟 구절을 지배하는 원리를 말씀하셨다.
"사람에게 보이려고 그들 앞에서 너희 의를 행치 않도록 주의하라 그렇지 아니하면 하늘에 계신 너희 아버지께 상을 얻지 못하느니라."
**하나님 아버지와 우리의 관계를 보여 주는 세 가지 의의 행동은 구제와 기도와 금식이다.** 이 세 가지 예배 행위는 우리 신앙의 진실성을 시험하는 시금석 역할을 한다. 우리가 남에게 보이려고 이 세 가지 행위들을 할 때 우리 신앙은 가짜이다.

**구제**는 경건한 사람들이 하는 일이지만 우리는 잘못된 동기를 갖고 구제할 수 있다. 우리는 사람들이 우리를 관대하다고 칭찬할 것이기 때문에 구제할 수 있다. 그것이 우리가 구제하는 이유라면, 우리가 얻는 유일한 상은 칭찬의 말일 것이다.

**금식**은 경건한 사람들의 또다른 훈련이다. 금식은 우리가 중요한 일에 관심을 기울이도록 도와준다. 그러나 우리는 잘못된 이유로 금식할 수 있다. 어떤 사람들은 금식할 때 약하고 힘없이 보이려고 하기 때문에, 그들의 친구들은 그들이 얼마나 독실하고 열심인지를 알고 감동을 받을 것이다. 만일 그것이 우리가 금식하는 이유라면, 우리가 금식하여 얻는 유익이란 친구들에게 듣는 한두 마디의 칭찬뿐일 것이다.

**기도** 또한 의로운 사람들이 하지만, 만일 그들이 큰 소리로 기도하고 중언부언하면서 대중 앞에서 기도하여 다른 사람들이 그들의 영성(靈性)을 칭찬하도록 한다면, 그들은 하나님과 관련된 의를 가지고 있지 않은 것이다. 만일 우리가 대중 앞에서 기도하여 다른 사람들이 우리가 정말 열심으로 기도한다고 칭찬하는 소리를 기뻐한다면, 우리는 산상수훈의 요지를 놓친 것이다.

## 예수께서 제시하신 기도의 모델

예수께서는 기도에 관해 말씀하시는 부분에서 기도의 모델을 제시하신다. 우리는 그 기도를 「주기도문」이라고 한다. 사실 주님 자신이 이 기도를 하실 수는 없으므로 주기도문이라는 이름은 잘못되었다. 죄가 없으신 하나님의 아들인 그분은 "우리 죄를 사하여 주옵시고"라고 간구할 필요가 없다. 아마도 이 기도문은 「제자들의 기도」라는 이름을 붙여야 할 것이다. 왜냐하면 이 기도문은 우리와 같은 사람들을 위한 기도 입문서의 역할을 하기 때문이다. 성경 본문의 요약된 내용이 목사님의 설교에 도움이 되고 건물의 청사진이 건축가에게 도움이 되는 것처럼, 이 기도문은 우리가 기도할 때에 도움을 준다.

이 기도의 중심 내용은 "하늘에 계신 우리 아버지여"라는 하나님에 대한 언급으로 시작한다. 그런 다음 이 기도는 두 가지 주요 부분으로 나누어진다.

**첫째**, 우리는 하나님 아버지께 그분 자신에 관하여 말씀드려야 한다. 곧 그분의 위격(位格)과 그분의 계획과 목적(뜻)에 관하여 기도해야 한다.
"이름이 거룩히 여김을 받으시오며 나라이 임하옵시며 뜻이 하늘에서 이룬 것같이 땅에서도 이루어지이다."

**둘째**, 우리는 하나님 아버지에 관하여 그분께 말씀드린 다음 그분의 가족에 관하여 말씀드려야 한다. 곧, 하나님 아버지의 자녀들이 필요로 하는 양식과 용서와 보호에 관하여 기도해야 한다.
"오늘날 우리에게 일용할 양식을 주옵시고 우리가 우리에게 죄 지은 자를 사하여 준 것같이 우리 죄를 사하여 주옵시고 우리를 시험에 들게 하지 마옵시고 다만 악에서 구하옵소서."

우리가 성경대로 행할 때, 우리가 해야 할 한 가지 일은 성경 본문을 그 전후 문맥 속에서 이해하는 것이다. 그러므로 우리는 "주기도문 이후에 나오는 기도에 대한 확대된 내용인 마태복음 6장 19절에서 7장 12절이 산상수훈의 문맥과 어떻게 조화를 이루고 있는가?"를 물어야 한다. **나는 이 부분(마 6:19-7:12)이 주기도문에 관한 주석이라고 주장하는 로버트 구엘리취(Robert Guelich)의 견해에 동의한다.** 예수께서는 우리에게 기도 생활이 어떤 것인지를 보여 주신다.

이 확대된 구절은 여섯 부분으로 나뉜다.

처음의 네 부분은 하지 말라는 금지 명령으로 시작한다. 예를 들면 마태복음 6장 19절에서 예수께서는 "너희를 위하여 보물을 땅에 쌓아 두지 말라"고 말씀하셨다.

두번째 부분은 6장 25절에서 또다른 금지 명령으로 시작한다.
"너희 목숨을 위하여 염려하지 말라."

세번째 부분은 7장 1절에서 시작한다.
"비판을 받지 아니하려거든 비판하지 말라."

네번째 금지 명령은 7장 6절에서 시작한다.
"거룩한 것을 개에게 주지 말라."

7장 7절에서 시작하는 다섯번째 부분은 지금까지 말씀한 것을 토대로 하여 기도하라는 권고이다.
"구하라 그러면 너희에게 주실 것이요 찾으라 그러면 찾을 것이요 문을 두드리라 그러면 열릴 것이니."

그리고 7장 12절은 우리가 「황금률」이라고 부르는 구절로서 모든 말씀을 요약한다.
"무엇이든지 남에게 대접받고자 하는 대로 너희도 남을 대접하라 이것이 율법이요 선지자니라."

마태복음 6장 19절에서 7장 12절이 예수께서 우리에게 제시하신 기도의 모델에 나타난 간구들을 어떻게 설명하는지를 주목하라.

첫번째 부분, 마태복음 6장 19-24절은 우리가 하나님의 뜻이 이루어지고 하나님의 나라가 임하고 그분의 이름이 거룩히 여김을 받게 해 달라고 기도하는 주기도문의 첫번째 부분과 일치한다. 다른 말로 해서, 우리는 하나님이 우리의 하나님이 되고 그분이 우리 삶의 최우선이 되게 해 달라고 기도한다.

"염려하지 말라"(25절)고 하는 두번째 부분은 "오늘날 우리에게 일용할 양식을 주옵시고"라는 주기도문의 네번째 간구와 일치한다.

"비판하지 말라"(7:1)는 세번째 부분은 "우리가 우리에게 죄지은 자를 사하여 준 것같이 우리 죄를 사하여 주옵소서"라는 주기도문의 다섯번째 간구와 일치한다.

그리고 마태복음 7장 6절의 "거룩한 것을 개에게 주지 말라"는 다소 이상한 구절은 "우리를 시험에 들게 하지 마옵시고 다만 악에서 구하옵소서"라는 주기도문의 마지막 간구와 일치한다. 이것은 우리를 사단의 올무에서, 악한 자의 손에서 보호해 달라고 하나님께 구하는 내용이다.

마태복음 7장 7절로 시작하는 부분은 우리에게 이런 식으로 기도할 것을 권한다. 하나님 우리 아버지께서 우리에게 좋은 선물들을 주시는 선한 분이시므로 우리는 기도해야 한다. 이것이 7장 12절의 황금률에 대한 기초이다.

예수께서는 주기도문에 관한 주석을 마치신 후 어떻게 참된 의(義)를 발견하는가 하는 중심 주제로 다시 초점을 맞추셨다. 그분은 생생한 상징들, 곧 좁은 문과 넓고 큰 문, 좁은 길과 넓은 길, 양과 늑대, 포도나무와 가시나무, 무화과나무와 엉겅퀴, 좋은 나무와 나쁜 나무, 반석과 모래를 사용하시어 자신의 말씀을 설명하셨다. 이러한 상징들에서, 생명의 길로 들어가는 의로운 순례자, 하나님 아버지의 뜻을 행하는 참된 선지자, 반석 위에 집을 짓는 지혜로운 건축가가 나타난다. 이들 세 사람은 참된 의는 예수 그리스도께로 나지 아니하는 것이 없다는 사실을 그들의 선택을 통해 보여 준다. 그분은 길이시다. 그분을 통하여 우리는 하나님을 발견한다. 그분은 진리이시다. 그분을 통하여 우리는 하나님의 뜻을 안다. 그분은 생명이시다. 그분을 통하여 우리는 영원토록 안전하다.

지혜로운 건축가 예화는 산상수훈의 적절한 결론이다. 왜냐하면 삶과 집은 공통점이 많기 때문이다. 벽돌과 회반죽과 마찬가지로 살과 피는 불안정한 기초 위에 찬란하게 서 있을 수 있다. 우리의 확고한 기초로서 산상수훈의 위대한 설교자인 예수님이 없다면, 우리는 그분의 산상수훈을 결코 이해하지도 못하며 그리스도인의 삶을 살 수도 없다. 삶의 회오리바람이 우리를 날려 버릴 것이다. 그러나 우리가 그분과 관계를 맺을 때, 그분이 우리의 집을 자신의 집으로 만들 때, 우리는 대주재(大主宰) 하나님의 계획을 이해하게 될 것이다.

# 제1장

# 세 가지 방향의 섬김

"사람에게 보이려고 그들 앞에서 너희 의를 행치 않도록 주의하라 그렇지 아니하면 하늘에 계신 너희 아버지께 상을 얻지 못하느니라 그러므로 구제할 때에 외식하는 자가 사람에게 영광을 얻으려고 회당과 거리에서 하는 것같이 너희 앞에 나팔을 불지 말라 진실로 너희에게 이르노니 저희는 자기 상을 이미 받았느니라 너는 구제할 때에 오른손의 하는 것을 왼손이 모르게 하여 네 구제함이 은밀하게 하라 은밀한 중에 보시는 너의 아버지가 갚으시리라 또 너희가 기도할 때에 외식하는 자와 같이 되지 말라 저희는 사람에게 보이려고 회당과 큰 거리 어귀에 서서 기도하기를 좋아하느니라 내가 진실로 너희에게 이르노니 저희는 자기 상을 이미 받았느니라… 금식할 때에 너희는 외식하는 자들과 같이 슬픈 기색을 내지 말라 저희는 금식하는 것을 사람에게 보이려고 얼굴을 흉하게 하느니라 내가 진실로 너희에게 이르노니 저희는 자기 상을 이미 받았느니라 너는 금식할 때에 머리에 기름을 바르고 얼굴을 씻으라 이는 금식하는 자로 사람에게 보이지 않고 오직 은밀한 중에 계신 네 아버지께 보이게 하려 함이라 은밀한 중에 보시는 네 아버지께서 갚으시리라"(마 6:1~8, 16~18).

스크라이브너 출판사에서 책을 출간한 두 소설가 헨리 제임스(Henry James)와 에디스 와턴(Edith Wharton)은 좋은 친구지간이긴 했지만, 소설을 써서 얻는 수입 면에서는 둘 다 똑같이 성공하지는 못했다. 제임스는 자신의 형편없는 수입에 매우 민감했으므로, 와턴은 종종 그를 돕기 위해 비밀리에 계획을 세워야 했다. 한번은 와턴이 스크라이브너 출판사와 협의하여 자신의 인세(印稅)에서 8천 달러를 받아서 새로 쓸 소설에 대한 선불로 제임스에게 제공하기로 했다. 제임스는 와턴이 자신의 후원자라는 사실을 몰랐으므로 기쁜 마음으로 그 돈을 받았다.

## 구제 행위

유대인들에게는 구제를 포함하여 인생의 모든 것에 관한 속담이 한 가지 있다. 랍비들이 사용하는 속담 중에 "어떤 사람을 구제하여 수치를 느끼게 하는 것보다 아무 것도 주지 않는 것이 낫다"라는 것이 있다. 다른 말로 하면, 만일 우리의 구제가 일반 대중에게 보이려는 것이 된다면, 우리는 그 구제를 망칠 뿐만 아니라 우리가 구제하려는 사람에게 상처를 줄 수도 있다.

그러나 바리새인들은 자신들의 구제 행위를 비밀로 한다는 이 이상(理想)을 지키면서 살지 않았다. 비유적으로 말해서, 그들은 구제하기 전에 모든 사람들이 자신들의 관대함을 알도록 나팔을 불었다. 이는 '나 좀 알아 달라'는 소행이었다.

유대인들에게 구제는 경건을 나타내는 최고의 행위로 생각되었다. 율법 선생들은 가난한 자들을 구제하는 것이 희생제물을 드리는 것보다 낫다고 말했다. 예수께서 오셨을 때 그분은 이 가르침을 논박하지 않으셨지만 한 가지 제한을 덧붙이셨다. 예수께서는 구제하는 행위 자체보다 중요한 것은 구제를 하는 동기라고 말씀하셨다. 그분은 사람들의 마음에 있는 기본 동기들을 아셨고, 나쁜 동기로 선행을 할 수 있다는 사실을 인식하셨다.

어떤 사람들은 죄의식 때문에 구제하고 어떤 사람들은 우월감 때문에 구제한다. 한 친구가 우리에게 찾아와서 자신이 열심으로 뛰고 있는 어떤 좋은 일에 힘이 좀 되어 달라고 부탁할 때, 만일 우리가 그 요구를 들어 주지 않는다면 우리는 죄의식을 느낄 것이다.

어떤 사람들을 도울 때, 우리는 그들을 돕기 위하여 그들에게 손을 뻗는 모습을 상상할 수도 있다. 구제는 우리에게 우월감을 갖게 할 수 있다. 죄의식이나 우월감이나 어떤 다른 이유로 구제하든지 간에, 우리들 대부분은 우리가 관대하다는 인정을 받기 원한다. 그러나 만일 우리가 구제 행위로 사람들의 관심을 끌려고 한다면, 우리가 받을 상은 그러한 관심뿐이라고 예수께서는 경고하셨다.

예수께서는 나팔을 부는 바리새인들에 관하여 "저희는 자기 상을 이미 받았느니라"(They have received their reward in full)고 말씀하셨다. 이 구절은 고대 헬라의 상업 용어에서 사용되던 표현에서 나온 말이다. 고고학자들은 영수증이라고 확인된 파피루스에 그 구절이 씌어 있는 것을 발견하고, 그 말은 "완불"을 의미한다고 결론지었다.

만일 우리가 다른 사람들에게 보이려고 구제하고 그들의 칭찬을 받는다면, 우리는 이미 상을 받은 것이다. 만일 우리가 사람들의 칭찬을 원한다면 우리는 칭찬을 받을 수 있다. 그러나 그 다음에 우리가 하나님께로부터 받을 상은 없다.

그러나 만일 우리가 하나님께 인정을 받기 원한다면, 우리는 오른손이 하고 있는 것을 왼손이 모르게 조용히 구제해야 한다. 그러면 우리가 은밀히 행하는 구제를 보시고 우리의 동기를 아시는 우리 하나님 아버지께서 우리에게 상을 주실 것이다. 선행은 한 번밖에 그 값을 지불받지 못한다. 다시 말해서, 만일 우리가 사람들에게서 상을 받는다면 하나님께로부터 상을 받지 못할 것이다.

예수께서는 사람들에게 알려지는 것 자체를 반대하시지는 않았다. 그와 같은 일이 항상 비밀이나 기밀로 유지될 수는 없다. **그분의 관심은, 인정을 받는 것이 하나님 백성들이 구제를 하는 동기가 아니라는 것이었다. 그분은 그들이 의롭지 못한 이유로 의로운 행위를 하는 것을 원치 않으셨다.**

기금 모금 상담 요원들은 종종 교육 기관들을 찾아가서 그들 학교를 위한 모금 운동을 하겠다고 제의한다. 그들은 이 기금 모금 운동이 실질적으로 학교 수입을 증가시킬 것이라고 보장한다.
그들은 그렇게 나쁘게는 보이지 않는 교묘한 전략을 세우는데, 기부자들의 명단을 발행하고 기부금 액수에 따라서 그들을 분류해서 목록을 작성하는 일들이 거기에 포함된다. 결과적으로 기부한 자들은 요란스럽게 그 이름이 널리 알려질 것이고 기부하지 않은 자들도 넌즈시 알려질 것이다. 이 회사들은 필요한 돈을 모금하고, 그들이 원하는 바, 곧 기부금 중 일부를 챙긴다. 그리고 기부자들도 자신들이 원하는 바를 얻는다. 즉, 그들의 이름이 명판이나 책자에 새겨지고 그에 따라서 다른 사람들의 찬사를 받는다. 예수님의 말씀대로 그들은 이미 자기 상을 충분히 받았다.

만일 우리가 의로운 행위들로 대중에게 인정받고자 한다면, 우리는 마태복음 6장에 기록된 예수님의 메시지의 요점을 놓친 것이다. 이것은 우리의 구제 뿐만 아니라 기도에도 적용된다.

## 기도

기도할 때 모든 사람들이 자신들을 볼 수 있도록 회당에 서서 기도하거나 사거리에 나와서 기도하기를 좋아하는 위선자들을 닮지 말라고 예수께서는 경고하셨다. 자신들의 관대한 행위로 사람들의 찬사를 받은 자들과 마찬가지로, 이들 겉치레를 잘하는 사람들도 경건하다는 인정을 받음으로써 이미 그들의 상을 충분히 받는다.

기도는 기독교 신앙에서처럼 유대교에서도 중요한 것이었다. 유대인들이 아침에 일어나서 제일 먼저 하는 일은 "쉐마"라고 부르는 기도를 하는 것이었다.
"우리 하나님 여호와는 오직 하나인 여호와시니 너는 마음을 다하고 성품을 다하고 힘을 다하여 네 하나님 여호와를 사랑하라"(신 6:4,5 참조).
날이 저물어 해가 지면 그들은 이 간구를 되풀이했다. 또한 유대인들은 낮 시간 동안 기도할 시간을 정하여 오전 9시와 12시와 오후 3시에 기도했으며, 특별한 경우에는 특별 기도를 했다. 그들은 집에 들어갈 때, 바다를 볼 때, 강을 볼 때 각 상황에 맞게 정해진 기도를 했다. 그들은 성에 들어갈 때, 성을 떠날 때, 새 가구를 살 때에도 정해진 기도를 했다.

분명히 우리는 온종일 때마다 하나님을 기억하는 이 열망과 생활의 모든 영역을 하나님께 헌신하는 이 열정을 칭찬할 수 있다. 그러나 많이 기도할 때에 따르는 한 가지 위험이 있다. 이렇게 빈번하게 하는 기도는 아무런 생각이나 의미 없이 하는 일종의 자동적인 혹은 기계적인 반응이 될 수 있기 때문이다.

예를 들면, 당신은 식사하기 전에 하나님께 양식을 주셔서 감사하다고 기도드리고 나서 무슨 말로 기도했는지 또는 기도를 했는지 안 했는지 기억할 수 없었던 적이 있지 않은가? 이것이 바로 많은 유대인들에게 일어난 일이다. 즉, 기도는 유대인들이 일상 생활에서 아무 생각 없이 행하는 틀에 박힌 일처럼 되어 버렸다.

또다른 결과도 생겼다. 아마도 유대인들은 기도를 길게 하면 그것이 하나님을 성가시게 하여 그분의 관심을 끌 수 있으리라 생각해서 그렇게 기도한 것 같다. 그들의 기도는 점점 더 길어졌다.

이들은 "나는 매일 아침 한 시간씩 기도를 드립니다"라고 말할 수 있는 사람들과 같은 종류의 사람들이었다. 만일 진정 헌신하는 마음으로 하나님께 한 시간씩 기도한다면, 그것은 잘못된 것이 아니다. 그러나 어떤 사람들은 하나님이 우리의 기도 시간을 재고 계시다고 믿는 것 같다. 그러나 하나님은 그렇게 하시지 않는다. 그들은 마치 하나님이 스톱워치(stopwatch)를 가지고 하늘에 좌정하셔서 5분간 드리는 기도보다는 한 시간 동안 드리는 기도를 더 좋아하신다는 듯이 행동한다.

하나님께 좋은 인상을 주려고 노력하든 사람들에게 칭찬을 들으려고 노력하든, 효과를 노리고 하는 기도는 위선이라고 예수께서는 말씀하셨다. 그분은 청중들에게 마치 기도가 어떤 마법 주문이나 되는 듯이 기도를 하고 또 하고 계속 반복하는 자들을 가리켜 말씀하셨다. 그들은 말을 많이 하기 때문에 하나님이 들으실 것이라고 생각하며 소용없는 기도문을 중얼거리는 이방인과 같은 자들이었다.

엘리야가 갈멜 산에서 바알 선지자들에게 도전했을 때(왕상 18장), 이방 선지자들은 반나절 동안 "바알이여 우리에게 응답하소서"라고 되풀이해 소리쳤다. 여러 세기가 지난 후 에베소 사람들이 똑같은 일을 반복했다. 에베소 사람들은 자신들의 여신(女神)이 귀를 기울여 듣게 하려고 "크다 에베소 사람의 아데미(다이아나)여!"라고 두 시간 동안이나 소리쳤다(행 19장).

이방인들이 보기에, 기도는 마법 주문과 같은 역할을 했다. 만일 그들이 정확한 마법 공식을 알아 내서 가끔 충분하게 되풀이하기만 하면, 아마도 신들이 응답할 것이다.

"말을 적게 할수록 기도는 더 나아진다"라고 마르틴 루터(Martin Luther)는 말했다. 그리고 예수께서 우리에게 기도 모델로 주신 주기도문은 헬라어로 57개 단어이고 한국어로는 47개 단어밖에 안 된다.
그러나 이 짧은 기도조차도 사람들은 종종 기계적인 신앙 공식인 양 아무 생각 없이 중얼거린다.

기도는 유대교에서 특별한 위치를 차지하므로, 종교적인 사람들은 자신들의 경건함을 다른 사람에게 보이기 위해 기도를 이용하였다. 그들이 어떤 식으로 자신들의 목적을 성취했는지 쉽게 알 수 있다. 당신은 오전 9시와 12시와 오후 3시에 기도하도록 되어 있고 또 사람들에게 경건하다는 평을 듣고 싶어한다. 그래서 그 시각에 꼭 시장이나 회당 꼭대기 계단에 자리를 잡는다. 그리고 기도 시간이 되었을 때 당신은 정해진 기도 자세, 곧 양팔을 치켜들고 눈을 감은 자세를 취한다. 이제 당신이 매우 열심이 있는 자라는 사실이 주변 모든 사람들에게 분명해진다. 기도는 흥행 행위로 변한다.

여러 해 전에 보스턴 시의 어느 신문은 저명한 성직자가 행한 기도에 관하여 "보스턴 청중에게 전해진 기도 중에서 가장 유창한 기도"라고 보도했다.

**다시 말하지만, 예수께서는 대중 앞에서 하는 기도를 반대하지는 않으셨다. 그분은 기도를 흥행 행위로 만드는 그 동기를 반대하셨다.** 그것이 바로 예수께서 제자들에게 방에 들어가 문을 닫고 기도하라고 권고하신 이유이다. 1세기 유대인의 집에서 문을 잠글 수 있는 유일한 장소는 다락방이었으며, 그것이 바로 예수께서 말씀하신 방이다. 은밀한 장소에 있을 때는 아무도 우리를 볼 수 없다. 겉치레는 사라지고, 우리는 하나님과 진지하게 대화를 나누게 된다.

## 금식

중요한 것은 그들의 경배 행위 배후에 있는 동기였다. 예수께서는 금식 문제에도 똑같은 원리를 적용하셨다.
"금식할 때에 너희는 외식하는 자들과 같이 슬픈 기색을 내지 말라 저희는 금식하는 것을 사람에게 보이려고 얼굴을 흉하게 하느니라"(마 6:16).

전통적으로, 경건한 유대인은 금식할 때 머리에 재를 덮어썼다. 다시 한번 예수께서는 이 전통적인 관행을 논박하셨고, 자신들이 금식하는 것을 그와 같은 방법으로 알리는 자들은 세상 청중에게 보이려고 금식하는 것이며 그들은 단지 사람들의 칭찬을 받을 것이라고 경고하셨다. 만일 그들이 하나님을 기쁘시게 하고 그분의 상을 바란다면, 그들은 자신들의 동기와 행동 양식을 바꾸어야 한다.

흥미롭게도 금식은 성경에서 중요한 위치를 차지하지 못한다. 신약성경에서는 결코 금식을 명령하지 않았다. 다만 그것을 기록하고 있을 뿐이다. 구약에서 사람들은 일 년에 한 차례씩 속죄일(욤 키푸르)에 금식했다. 성경은 우리에게, 예수께서 그러셨던 것처럼 모세도 사역을 시작하기 전에 금식했다고 말한다.

이처럼 금식이 명령된 것이 아니라면 왜 금식을 하는가? **구약성경에서 금식은 항상 죄를 인정하는 것과 관련이 있었다. 이스라엘 백성들은 국가적으로 회개해야 할 때에 금식을 했다. 만일 기도가 우리를 하나님께로 이끈다면, 금식은 우리를 자아(自我)에서 멀어지게 한다.**

영국국교회(성공회) 헌장에서 금식에 관한 교훈은 금식에 임하는 내적인 자세를 다음과 같이 서술하고 있다.
"사람들이 스스로 무거운 죄의 짐을 느낄 때…그들은…마음속에서 슬픔을 느끼며…고기와 음료에 대한 모든 욕망을 제쳐 둔다."

오늘날 많은 사람들이 금식을 하나님의 인정을 받는 방법으로 보는 것 같다. 어쨌든 그들은, 만일 하나님이 자신들이 점심을 먹지 못할 정도로 불쌍하다는 것을 아신다면 자신들의 요구를 더 잘 들어 주실 것이라고 생각한다. 우리가 하나님을 우리 마음대로 좌지우지할 수는 없다. 만일 우리가 일상의 산만한 생활에서 벗어나기 위하여 금식을 한다면 우리는 더 잘 하나님께 정신을 집중할 수 있다. 그것은 좋은 일이지만 그 사람 개인의 일이다.

유대교에서 금식은 자신의 경건을 내보이는 수단이 되었다. 바리새인들은 일주일에 두 번, 월요일과 목요일에 금식했다. 이것은 월요일과 목요일에 장이 서서 많은 사람들이 마을로 몰려들었다는 사실과 관련이 있을 것이다. 바리새인들이 금식할 때 그 지역의 모든 주민이 알았다. 바리새인들은 자신들의 유익을 위하여 유익에 도움이 되는 행위를 해 보였다. 그들은 상복(참회복)을 입고 머리에 재를 덮어썼다. 그들은 사람들에게 경건하다는 칭찬을 받기 원했으며, 실제로 그런 칭찬을 받았다. 그들은 그들의 상을 받은 셈이다.

그러나 예수께서는 자신을 따르는 자들에게 그와 달리 행하라고 말씀하셨다. 즉, 얼굴을 씻고 머리에 기름을 바르라고 말씀하셨다. 진정으로 하나님을 아는 사람들은 금식(fasting)이 아니라 잔치(feasting)를 베풀어야 한다. 우리는 마음으로는 성(聖)금요일을 생각할지라도 얼굴에는 부활절을 덧입어야 한다.

**구제와 기도와 금식은 우리가 대중에게 내보이기 위해 행하는 것들이 아니다. 그것은 다른 사람들의 유익을 위하여 또는 우리 자신의 영적 생활을 강화하기 위하여 행하여야 할 사적인 행위들이다. 또한 그것은 우리 자신과 하나님 사이에 관계된 사적인 행위이다.**

인간으로서 우리는 우리의 경건함을 알리고 싶어한다. 관대하게 구제를 하고도 칭찬을 전혀 받지 않는다는 것은 감수하기 힘든 일이다. 또 다른 사람에게 우리의 신앙심을 알리지 않고 한 시간 동안 기도하기는 힘든 일이다. 사실, 우리 중 대부분의 사람들은 금식을 하지 않는다.

그러나 금식하면서 어떤 사람에게 우리가 몹시 굶주리고 있다는 것에 대해 동정심을 갖지 않게 한다는 것은 여간 어려운 일이 아니다. 우리는 이 모든 일에서 우리의 모든 동기를 아시고 하나님에 대한 진정한 우리의 헌신에 관심을 기울이시는 진짜 중요한 관찰자가 계시다는 사실을 망각한다. 그분은 우리가 그분의 때에 그분의 방법대로 상을 받을 것이라는 사실을 아실 것이다.

우리는 우리가 구하는 바를 얻는다. 만일 내가 교회의 비평가들에게 신앙을 잘 실천한다는 좋은 평판을 얻기 원한다면, 나는 좋은 평판을 얻을 수 있다. 그러나 그것이 내가 얻는 전부이다. 나는 바로 지금 여기에서 내 상을 받고 "완불을 받게" 된다.

만일 내가 하나님의 인정을 받기 원한다면, 나는 그분의 인정을 받을 수 있다. 은밀히 보시는 하나님은 청중의 한 사람도 아니고 점수판을 지키는 심판도 아니다. 그분은 내 마음에 있는 열렬한 소망에 깊은 관심을 가지신 "하늘에 계신 내 아버지"이시다. 내가 하는 구제, 내가 드리는 기도, 내가 하는 금식, 곧 나의 경배는 하나님을 위한 것들이다. 나의 가장 깊은 소망을 아시는 내 아버지께서 내가 진정으로 귀하게 여기는 보물을 내게 상으로 주실 것이다.

『크리스마스 캐롤』(*A Christmas Carol*)이라는 단편 소설에서 찰스 디킨스는 구두쇠 스크루지 영감을 "굴(oyster)처럼 비밀스럽고…고독한 사람"으로 묘사했다. 디킨스가 스크루지를 묘사할 때 사용한 부정적인 표현(비밀스럽고 고독한)을, 그리스도께서는 그분에게 드리는 우리의 예배 중심에 두어야 한다고 선포하셨다. 그분은 자신의 제자들이 신중하게 때로는 은밀하게 "의의 행위"를 하기를 바라셨다.

기독교는 흥행 행위가 아니다. 그것은 인격적인 하나님께 대한 신실함이다. 우리는 남에게 보여서 칭찬을 듣기 위해 경건함을 과시해서는 안 된다. 곧 그것은 하늘에 계신 우리 아버지가 보시도록 행하여야 할 우리의 은밀한 순종이다. 우리가 구제하고 기도하고 금식할 때, 우리는 우리의 주재이신 하나님이 은밀히 보시는 예배 가운데 있어야 한다.

# 제2장

# 하나님과의 직통 전화

"그러므로 너희는 이렇게 기도하라 하늘에 계신 우리 아버지여 이름이 거룩히 여김을 받으시오며"(마 6:9).

나의 두 자녀, 비키와 토레이가 어렸을 때 나는 그들과 게임을 즐겼다. 나는 동전 몇 개를 꺼내어 손에 쥔 다음 그들에게 동전들을 보여 주고 그들 머리 위로 주먹 쥔 손을 들어올린다. 아이들은 내 무릎 위로 기어올라와 한번에 하나씩 내 손가락을 펴곤 했다. 일단 자신들의 동전을 꺼내 가지면, 그들은 기뻐 소리치며 전리품을 모아 두기 위해 뛰어내리곤 했다. 내가 그 게임을 좋아하는 것은 아들 딸을 무릎 위에 앉히고 그들을 가까이 느낄 수 있기 때문이다.

사실 동전들은 내게 별로 큰 의미가 없었다. 그러나 다른 면에서 볼 때 동전들은 내게 전부를 의미했다. 왜냐하면 동전 장난을 하는 동안에 자녀들은 웃고 나와 이야기를 나누었고 나는 그들을 껴안고 나의 깊은 사랑을 표현했기 때문이다.

기도할 때 우리는 종종 하나님의 장중(掌中)에 있는 은사들에만 관심을 집중한 채 하나님의 손을 무시한다. 우리는 새로운 직업이나 건강 회복을 위해 열성으로 기도한다. 그리고 그 상을 얻을 때 우리는 기뻐한다. 그런 다음 우리는 더 이상 하나님과 관계하지 않는다. 만일 우리가 오로지 그 동전들만 추구한다면, 하나님의 손은 집을 마련하거나 자녀들을 위한 옷을 사거나 식료품 값을 지불하는 하나의 방편에 불과할 뿐이다. 그런 욕구가 충족되었을 때, 그 손 자체는 우리에게 별로 의미가 없다.

하나님께서는 자신의 은혜로 자녀들에게 좋은 선물들을 주시지만, 사실은 그 이상의 것을 제공하신다. 그분은 우리에게 자기 자신을 주신다. 하나님 아버지의 손에 있는 하찮은 선물을 기뻐하는 자들은 기도의 가장 좋은 상급, 곧 우주의 주재(主宰) 하나님과 대화하고 교제하는 상급을 잃게 된다.

## 하나님 아버지라는 표현의 의미

예수님의 말씀에 따르면, 우리는 우주의 하나님께 나아가 기도할 때, 그분을 하나님 아버지라고 부를 수 있다. 기독교 신앙 전체에 대한 함축적인 요약은 "아버지"라는 단어와 밀접한 관계가 있다. 그것은 "우주는 우호적인가?"라는 철학자 레싱(Lessing)의 질문에 대한 해답이다. 그리스도인들이 하나님께 경배하고 그분을 아버지라고 부를 때, 그들은 우주의 중심에는 궁극적인 힘 뿐만 아니라 궁극적인 사랑이 있다는 사실을 인지하고 있는 것이다.

그러나 모든 사람이 하나님을 아버지라고 부를 수 있는 것은 아니다. 우리에게 그렇게 기도하라고 가르쳐 주신 분은 바로 예수님이다. 그분만이 우리가 하나님과의 관계로 들어가서 그분의 가족 일원이 될 수 있음을 보증하셨다.

어떤 사람들은 "하나님이 모든 사람의 아버지이심과 모든 사람이 형제임"을 믿지만, 그것은 성경이 가르치는 바가 아니다. 하나님은 만물의 창조주이시며, 그런 의미에서 우리는 "신(神)의 소생"(행 17:29)이다. 그러나 피조물이 창조주와 갖는 관계는, 우리가 예수 그리스도를 통하여 하나님과 갖는 관계, 곧 하나님 아버지와 그분의 자녀들과 갖는 관계는 아니다.

구약에서 이스라엘 백성은 개인적으로 하나님을 "아버지"라고 부르지 못했다. 우리가 아는 바와 같이, 아브라함이나 요셉, 모세나 다윗, 그리고 다니엘은 결코 자신들의 방에 혼자 들어가서 무릎을 꿇고 감히 하나님을 아버지라고 부르지 못했다. 그러나 신약에서 하나님은 최소한 275회나 아버지로 불린다. 우리는 하나님을 아버지라고 부르도록 가르침받았다. 좋은 아버지가 자기 자녀에게 전부이기를 바라는 것처럼, 하나님은 자신에게 나아와 기도하는 그리스도인들에게 전부가 되실 것이라고 예수께서 말씀하셨다. 우리는 자녀로서 기도할 수 있다. 예수님의 죽음과 부활을 힘입어 우리가 우주의 주재자 하나님께 나아갈 때, 우리 입술에서 즉각 나와야 하는 말은 '아버지'이다.

**마태복음의 주기도문에서 "하늘에 계신 우리 아버지"라는 표현은 우리가 하나님을 우리 아버지라고 부르는 친밀감을 나타낼 뿐만 아니라 우리가 하나님께 나아가 기도할 때 가져야 하는 경외심을 말해 준다.** "하늘에 계신"이란 구절은 하나님의 우편 번호를 뜻하지 않는다. 그것은 무엇보다도 뛰어나신 그분의 숭고함을 의미한다. 우리가 아버지로 여기고 나아가는 이분은 우주의 대주재이시며 전능의 하나님이시며 모든 권세의 하나님이시다.

초기의 유대인 그리스도인들에게는 하나님께 적절한 경외심을 갖는 것이 하나님과의 친밀감을 이해하는 것보다 더 쉬웠을 것이다. 유감스럽게도, 우리 시대에는 그러한 성향이 완전히 역전되었다. 하나님이란 말은 전혀 경외감을 불러일으키지 않는 용어로 종종 언급된다. 나는 시편 기자가 "나는 대답들을 알지 못하나 대답하시는 분(man)을 안다"고 말했다고는 생각할 수 없다. 또 성경에 기록된 인물들이 "위에 계신 위대한 분"에 관하여 말한다고 상상할 수도 없다. 하나님을 우리 아버지시라고 말하는 것은 하나님이 껴안을 수 있는 큰 장난감 곰이라는 의미가 아니다.

성경은 하나님에 관한 우리의 생각이 친밀감과 경외감 사이의 긴장을 유지하도록 한다. 히브리서 기자는 이렇게 말씀하고 있다.
"그러므로 우리가 궁휼하심을 받고 때를 따라 돕는 은혜를 얻기 위하여 은혜의 보좌 앞에 담대히 나아갈 것이니라"(히 4:16).

보좌 앞에 나아간다는 사실은 우리에게 한껏 경외심을 갖게 한다. 그러나 그 보좌는 은혜의 보좌이기 때문에 접근할 수 있는 것이다. 우리는 바리새인들처럼 거리에서 요란스럽게 기도하거나 이방인들처럼 중언부언하여 기도하지 말아야 한다. 왜냐하면 우리는 친숙하고 담대하게 우리 아버지와 이야기를 나눌 수 있기 때문이다.

## 기도의 본래 목적

우리 하나님 아버지는 우리가 구하기 전에 우리가 필요로 하는 것을 아신다(마 6:8). 그렇다면 도대체 왜 우리는 하나님께 나아가야 하는가? 기도할 필요가 있는 것일까? "일이 어떻게 돌아가야 할지를 하나님께 말하는 나는 도대체 누구인가?"라고 말하는 것이 더 신실하고 더 열정적이며 더 신뢰할 만하지 않을까? 어떻게 나의 간구가 하늘의 섭리를 바꿀 수 있을까? 왜 나는 그것을 하나님께 맡기고, 전혀 기도하지 않음으로써 하나님에 대한 나의 신뢰를 보이지 못하는 것일까?

생각이 깊은 어떤 사람들이 이러한 종류의 질문을 한다. 대답은 "하늘에 계신 우리 아버지"라는 표현 자체에 들어 있다. "**하늘에 계신 우리 아버지**"라는 진지한 외침은 기도가 필요로 하는 모든 것을 그 자체에 내포하고 있다. 왜냐하면 우리는 그 표현을 통해 신뢰와 의존, 경외심과 친밀감의 관계를 나타내고 있기 때문이다. 기도는 원래 하나님께 여러 가지 것을 얻는 것이 아니라 하나님과 대화를 나누는 것이다.

한 개인의 존재됨은 하나님과의 견고한 유대 관계에서 의미를 가지며 사람들은 또한 서로 관계를 맺을 수 있다. 만일 남편과 아내가 서로 대화를 나누지 않는다면 그것은 죽은 관계이다. 만일 가정이 배를 채우는 장소에 불과하다면, 가정 생활은 황무지와 같이 메마를 것이다. 배우자 사이에 그리고 가족들 사이에는 대화가 필요하다. 이와 마찬가지로 모든 사람은 하나님과 대화를 나눌 필요가 있다.

우리가 감정을 가졌다고 해서 하나님을 자동적으로 알게 되는 것은 아니다. 어떤 아름다운 올갠 음악도 어떤 달콤한 향기도 일광욕을 마음껏 즐길 수 있는 어떤 산책도 하나님과 대화를 나누고 하나님이 성경 말씀을 통하여 우리에게 말씀하실 때 그분께 귀를 기울이는 것을 대신할 수 없다. 하늘에 계신 우리 아버지께 기도할 때, 우리는 우리를 사랑하시는 인격적인 하나님과 교제하는 것이다. 근본적으로 기도의 목적은 우리 삶의 우선되는 것들과 우리 영혼의 욕구들을 하나님께 아뢰는 것이다. 우리가 진실된 마음으로 하나님과 대화를 나눌 때, 우리는 서로에 대한 우리의 사랑을 확인하게 된다.

1976년 어버이날에 딸 비키가 내게 편지를 썼다. 나는 그것을 잘 보관해 두었다가 그 후로도 여러 번 읽어 보았다. 딸아이는 다음과 같이 편지했다.
"사랑하는 아빠, 내 인생에서 가장 기뻤던 날은 내가 아빠한테서 편지를 받았을 때입니다. 아빠의 편지들은 항상 밝고 생각이 깊고 사랑스럽고 마음을 편하게 해 줍니다. 나는 올해 어버이날에 아빠와 함께 지낼 수 없어서, 내가 아빠를 얼마나 귀중하게 생각하고 사랑하는지 말씀드리려고 몇 줄 글을 올리고 싶었습니다. 나는 아빠와 함께 지내는 것이 정말 즐겁습니다…아빠는 제게 너무 잘해 주셨습니다. 아빠는 이기심을 갖지 않으시고, 항상 아빠 자신의 이익보다는 저의 이익을 우선으로 하셨습니다. 아빠는 항상 용기를 주셨고 제가 잘되기를 기대하셨습니다…저는 그저 아빠께 제가 아빠를 너무 너무 사랑한다고 말씀드리고 싶었습니다."
더 이상 딸아이는 내 손 안에 있는 동전 때문에 나를 귀하고 가치 있게 보지 않았다. 비키는 이제 성장했고, 더 값지고 더 풍성한 것들을 소중하게 여겼다.

요구가 아니라 대화, 대화로부터 나오는 교제. 그 편지는 놀라운 관계를 표현하고 있다. 우리는 똑바로 알아야 한다. **하늘에 계신 우리 아버지는 땅의 어떤 아버지가 자기 자녀를 위해 행하는 것보다 훨씬 더 많은 것을 우리를 위해 행하실 것이다. 무엇보다도 하나님은 우리를 자신과의 교제로 이끌고 싶어하신다.**

# 제3장

# 나를 통한 하나님의 반영

"나라이 임하옵시며 뜻이 하늘에서 이룬 것같이 땅에서도 이루어지이다"(마 6:10).

**영**어의 바탕이 된 튜튼족의 언어에서「왕」(王)이란 낱말은 단순히 "아버지, 한 가족의 아버지, 한 부족의 아버지, 한 백성의 아버지"를 의미했는데, 결국 그 의미가 확대되어 군주를 의미하게 되었다. 튜튼족 언어의「왕」의 본래 의미는 영국 왕들에게 부여된 명칭 중에서 나타난다. 찰스 2세(Charles II)는 자기 백성을 잘 부양하지 못했는데, 그는 때때로 "왕, 백성의 아버지"라는 명칭으로 일컬어졌다. 그러나 그는 명칭 이상의 것을 원했다. 찰스는 그의 신민(臣民)들이 진정으로 자신을 아버지로 존경하고 기쁜 마음으로 자신의 통치와 뜻을 왕으로서 존중해 주기를 원했다. 그는 백성들의 마음 속에서 구별된 존재가 되기를 원했다.

### 하나님의 품격에 대한 기도

예수께서는 자기 제자들에게 기도하는 법을 가르치실 때, 하늘에 계신 하나님 아버지의 이름과 나라와 뜻이 하나님에 대한 그들의 관계에 영향을 미칠 것이라고 설명하셨다. 예수께서는 그들에게 먼저 "하늘에 계신 우리 아버지여 이름이 거룩히 여김을 받으시오며"(마 6:9)라고 기도하라고 말씀하셨다. 히브리인의 사고(思考)에서 이름은 극히 중요했다. 유대인들은 자녀들의 이름을 지을 때, 그 머리 글자들이 수하물에 붙이기에 보기 좋은 것이 되도록 작명(作名)하지 않았다. 또한 이웃집 아주머니나 아저씨를 생각나게 하는 이름을 선택하지도 않았다. 부모들은 자녀들에게 나타나기를 원하는 인격이나 특질이나 성품이 이름을 통해 구체적으로 표현되기를 바라는 마음으로 그들에게 이름을 지어 주었다.

초기 미국의 청교도들도 그렇게 했다. 그들은 딸들에게 정숙(Silence), 박애(Charity), 소망(Hope), 사랑(Love), 인내(Patience)와 같은 이름을 붙였다. 그들은 자녀가 성장하여 그들의 이름에 걸맞는 삶을 살기를 소망했다. 또한 우리는 신약에서 이름의 중요성을 본다. 위기의 시대에, 한 사람의 생애나 견해가 바뀌면, 그의 이름도 그에 걸맞게 바뀌었다. 예수께서 베드로를 부르셨을 때 그의 이름은 시몬이었다. 그는 교활하고 변덕스럽고 믿을 수 없는 사람이었지만, 예수께서는 그의 이름을 "반석"(Rocky)이라는 의미의 베드로로 바꾸셨다. 예수께서는 베드로가 그의 새 이름에 걸맞는 삶을 살기 전에 베드로라고 그의 이름을 고치신 것이다. 예수께서 베드로의 변덕스러운 인격을 반석 같은 확고한 인격으로 바꾸시는 데는 조금 시간이 걸렸다.

개명(改名)을 하는 풍습은 최근에도 볼 수 있는데, 폴란드의 추기경이 교황이 되었을 때를 예로 들 수 있다. 그는 자신의 선배들, 교황 바오로와 교황 요한의 미덕을 자신의 인생에 실현하기를 원했으므로 이름을 요한 바오로 2세로 바꾸었다. 그는 자신이 되기 원하는 모습을 구현하기 위하여 그 이름을 택했다.

시편 기자는 하나님의 이름을 아는 자들은 하나님을 의지할 것이라고 선언했다(시 9:10). 그는 하나님의 이름을 발음할 수 있거나 읽을 수 있는 사람들이 하나님을 의지할 것이라고 주장하지 않았다. 우리가 하나님의 성품과 권능을 "알 때" 우리는 하나님을 의지할 것이다. 하나님의 이름을 거룩히 여길 때 우리는 그 이름을 구별하여 특별한 것으로 여길 것이다. 우리는 하나님이 우리의 하나님이 되신다고 기도한다. 그리고 우리가 하나님을 경외한다는 것이 분명히 나타나도록 우리 기도에서 하나님을 높인다.

때때로 우리 기도는 위험할 정도로 신성 모독에 가깝다. 종종 우리는 마치 하나님이 귀머거리여서 큰 소리로 기도해야 들으실 수 있는 것처럼 또는 그분이 무지하셔서 우리가 설명해야 이해 하실 수 있는 것처럼, 하나님이 무감각하셔서서 우리가 감언이설 (甘言利說)로 기도해야 반응을 하실 수 있는 것처럼 기도한다. 우리는 기도할 때 매우 부적절한 개념의 신관(神觀)을 무심코 드러낸다.

어떤 때에 우리는 땅의 많은 이름들이 하늘에 계신 하나님의 이름보다 우리에게 더 의미 있는 것처럼 기도한다. 우리는 하늘에 계신 하나님을 경외하는 것보다도 고용주나 교수나 사랑하는 사람이나 친구나 정부 관리를 더 두려워할 수 있다. 또 우리가 향하여 기도하는 하늘의 하나님을 경외하고 경배하는 것보다도 땅의 벌레와 같은 우리 자신을 더 두려워할 수 있다.

주기도문에 있는 간구들은 우리가 기도해야 하는 모든 내용을 포함하고 있다. 짧게 기도하든지 길게 기도하든지 간에, 우리는 결코 이 이상의 기도를 하지 못할 것이다. 우리가 종종 하나님께 우리의 헌신과 영적 생활의 깊이를 더해 달라고 기도하지만, 그 어느 간구도 개인적인 성결을 구하는 것이 아니다. **영적 성장의 첫걸음은 내적인 느낌이나 변화를 위하여 기도하는 것이 아니라 하나님이 참으로 우리 삶 속에 하나님이 되시기를 기도하는 것이다. 즉, 신령한 삶의 중심은 우리의 내적인 체험이 아니라 하나님을 경배하는 것이다.**

우리는 하나님이 거룩하신 것처럼 거룩하라는 명령을 받았다. 왜냐하면 우리가 생활의 모든 영역, 곧 인격, 사업, 오락에서 하나님을 하나님되시게 하고 하나님이 우리를 구별되게 하시도록 하겠노라고 할 때 신령한 삶이 시작되기 때문이다.

하나님께 초점을 맞추는 것은 우리 자신의 내적인 생활에서 뿐만 아니라 다른 사람들을 위해 간구하는 우리의 기도에서도 실현되어야 한다. 우리는 다른 사람들이 죄에서 구원함을 받도록 기도할 뿐만 아니라 그들이 하나님을 알게 되도록 기도해야 한다. 복음 전도의 핵심은 사람들을 예수 그리스도께로 인도하는 것이 아니라 하나님의 이름을 모독하는 세상 사람들에게 그분이 참으로 누구이신지, 곧 성결과 은혜와 의(義)의 하나님이심을 깨닫게 하는 것이다. 그리고 그러한 깨달음을 얻을 때에 그들은 하나님의 이름을 거룩히 여길 것이다.

시인 워즈워드(Wordsworth)가 "아버지시여! 우리는 하나님을 이보다 더 거룩한 이름으로 부를 수 없습니다"라고 썼을 때, 그는 하나님과 갖는 특별한 관계의 중요성을 잘 표현했다.

### 하나님의 계획에 대한 기도

우리가 하나님 아버지에 관하여 그분께 말씀드리는 두번째 간구는 하나님의 품격에 관한 것이 아니라 그분의 계획에 관한 것이다. 두번째 간구는 "나라이 임하옵시며"이다. 예수께서는 여기서 자신이 미래에 메시야로서 지상을 통치하실 것에 관하여 말씀하셨다. 성경 전반의 이야기는 메시야 예수 그리스도의 재림을 대망(待望)하고 있는데, 그분은 이 세상 왕국이 그분의 왕국이 될 때 그 나라를 의로 통치하실 것이다.

하나님이 이 땅과 그 백성들을 통치하신다는 것에 대한 이러한 관심은 우리의 역사관에서 기초가 되는 부분이다. 죠셉 휘티그(Joseph Wittig)는 한 인간의 전기(傳記)는 그의 탄생이 아니라 그의 죽음으로부터 시작해야 한다고 말했다. 우리의 인생이 세상에 얼마나 공헌했는가 하는 것은 인생의 시작이 아니라 그 종말로써 측정된다고 그는 주장했다. 우리는 역사에 대해서도 그렇게 생각해야 한다. 생각이 깊은 어떤 사람들은 "역사는 어디로 가고 있는가? 역사는 돌고 돌뿐 결코 멈추지 않는 수레바퀴인가? 역사는 단순히 망각이라는 목적지만을 향하여 흘러가는 사건들의 반복인가?"하고 의아해 한다. 어떤 사람들은 역사는 바보들이 하는 이야기 혹은 정신병원의 벽에 아무렇게나 씌어진 이야기라고 일축한다. 에드워드 기본(Edward Gibbon)은 역사는 "인류의 범죄와 어리석음과 불행을 기록한 것에 불과하다"고 기술했다. 랄프 왈도 에머슨(Ralph Waldo Emerson)은 역사는 "소수 위대한 사람들의 전기"라고 적당히 결론지었다. 헨리 포드(Henry Ford)는 이러한 주장을 "터무니없는 소리"라고 일축해 버렸다.

그러나 성경이 증거하듯이, 역사는 "그분의 이야기"(His story)이다. 역사는 어딘가를 향해서 가고 있다. 바로 예수 그리스도의 재림을 향해서이다. 성경은 천사들과 구원받은 자들이 함께 노래할 날을 기대한다. 우리 앞에 그 빛이 빛나고 있다. 시대가 어두워질수록, 그 빛은 더욱더 밝게 보일 것이다.

그러므로 "나라이 임하옵시며"라고 기도할 때, 우리는 구약 전반에서 예언된 하나님의 메시야 왕국이 예수님의 지상 재림으로 이루어질 그 기쁜 때를 대망한다. 기도할 때 우리는 세상 나라들이 그분의 영토가 될 그 날을 응시한다.

우리가 그분의 왕국이 통치할 것을 기도할 때, 그것은 우리가 지금 거하고 있는 작은 땅이 그분의 것이 되기를 기도하는 것이기도 하다. 만일 우리가 그리스도의 왕국이 지상에 세워질 미래를 소망한다면, 다시 말해서 그 때를 위해 진심으로 기도한다면, 우리는 지금 우리에게 그토록 중요한 작은 왕국들을 모두 기꺼이 무너뜨려야 한다. 만일 우리가 미래에 언젠가 하나님이 모든 사람을 통치하시기를 원한다면, 먼저 우리는 오늘 우리의 삶을 그분이 지배하시기를 원할 것이다. 우리의 삶을 그분의 보좌로 만들고 다른 사람들을 하나님께 기꺼이 복종하게 하는 일에 충분히 관심을 갖지 않는다면, 우리는 그분의 왕국이 임하는 것을 진심으로 기도할 수 없다.

내가 20대였을 때 예수 그리스도의 재림에 관한 설교들을 들었는데, 그때 나는 그리스도의 재림을 소원하라는 권고를 받았다. 나는 그분이 오시기를 원했지만 지금 당장 오시기를 원하지는 않았다. 나는 그분이 돌아오시기 전에 하고 싶은 일이 몇 가지 있었다. 결혼하여 성생활을 즐기고 자녀를 낳고 목회 생활을 하고 싶었던 것이다. 내가 이 모든 일을 한 후에 그분이 재림하시는 것은 괜찮았다. 그러나 최근에 재림에 관하여 생각할 때, 나 자신의 어떤 계획에도 상관없이 예수 그리스도의 재림 사건은 있어야 한다는 것을 절실히 깨달았다. 그분의 재림이 다른 무엇보다도 중요하다. 땅이 자기 왕을 영접하기를!

우리는 하나님의 품격에 대해 그분의 이름이 거룩히 여김을 받도록 기도해야 하며, 하나님의 계획에 대해 그분의 나라가 임하도록 기도하고, 하나님의 목적에 대해 그분의 뜻이 하늘에서 이루어지는 것같이 땅에서도 이루어지도록 기도해야 한다.

### 하나님의 목적에 대한 기도

하나님의 뜻이 이루어지도록 기도하는 것은 우리 기도의 기초가 된다. 기본적으로 우리는 하나님의 뜻이 우리 삶과 세상에서 이루어지도록 간구한다. 그러나 우리는 종종 그 순서를 완전히 뒤바꾸어, 마치 하나님이 우주를 운행하시는 방법을 바꾸시기를 기대하는 것처럼 기도한다. 그것은 우리가 그분께 우리 자신의 간구를 하기 때문이다. 우리는 하나님을 마치 요술 램프 속의 거인처럼 대한다. 우리는 그 램프를 문지르고 소원을 빌 때 우리가 원하는 바가 이루어지기를 기대한다.

우리는 우리의 뜻을 하나님의 뜻에 맞게 하는 것이 중요함을 인식해야 한다. 우리는 하나님의 뜻대로 되기를 진정으로 원하지 않으면서 어떤 것을 구하고 끝에 가서 "만일 주님의 뜻이라면"이라고 기도하지 말아야 한다. "만일 주님의 뜻이라면"이라는 구절은, 하나님이 우리가 원하는 바를 주시지 않을 때 당황하지 않도록 기도 끝에 빠져나갈 구멍으로서 끼워넣는 말이 아니다. **기도는 하나님이 내 뜻을 행하게 하는 것이 아니다. 기도는 하나님의 뜻이 하늘에서 이루어지는 것처럼 내 삶과 내 가족과 내 사업과 내 인간 관계와 세상에서 이루어지기를 구하는 것이다.**

성경이 우리에게 하늘의 광경을 잠깐 보여 줄 때, 우리는 천사들이 하늘에서 하나님의 명령을 수행할 준비를 하고 서 있는 모습, 곧 모든 영광의 천사들이 하나님의 뜻에 응답하는 모습을 본다. 우주의 모든 은하수와 모든 별들과 행성들은 하나님의 계획대로 움직인다. 오직 여기, 우리가 지구라고 부르는 이 더럽고 작은 정구공 같은 이 삼류 행성에만 불순종의 아성(牙城)이 있는 것 같다.

하나님의 뜻이 하늘에서 이루어지는 것처럼 우리가 땅에서 그분의 뜻대로 산다고 할 때, 그것은 적(敵)의 영토에서 그렇게 하는 것이다. 사단이 다스리는 영역에서 사는 것은 이 세상이 하나님의 친구가 아니라는 사실을 깨닫는 것이다. 하나님의 뜻이 하늘에서 이루어지는 것처럼 우리가 땅에서 그분의 뜻을 행하려면, 우리는 세상의 흐름을 거슬러야 한다. 우리가 "뜻이 하늘에서 이룬 것같이 땅에서도 이루어지이다"라고 기도할 때,

우리는 우리 친구와 가족과 사회, 그리고 무엇보다도 우리 자신을 위하여 기도하는 것이다. 우리는 꺾을 수 없는 하나님의 뜻에 기꺼이 우리의 뜻을 맡겨야 한다.

찰스 2세(1630~1685년, 스튜어트 왕조의 영국 왕으로서 청교도에 적대적이었다-편집자 주)는 결코 자신이 원한 만큼 충분하게 국민들의 칭송을 받지는 못했다. 그의 이름은 너무나도 많은 비행과 사생아와 관련되었으며, 그의 나라는 통일성 없는 정책으로 너무 자주 분열되었고, 그의 뜻은 반항적인 의회 때문에 너무 자주 반대를 받았다. 그는 30년 이상 영국을 통치했지만, 그가 죽은 지 단 3년 만에 그가 이룩한 모든 업적이 무너져 버렸다.

아리스토텔레스가 표현한 것처럼, "가장 잘 통치할 수 있는 자들이 통치해야 한다." 그것이 바로 우리가 하나님의 이름을 거룩히 여기고 그분의 왕국이 임하기를 갈망하고 그분의 뜻에 복종해야 하는 이유이다. 그분의 통치가 최상의 통치이기 때문이다.

# 제4장

# 내 속에 구현(具現)된 하나님의 성품

"오늘날 우리에게 일용할 양식을 주옵시고 우리가 우리에게 죄 지은 자를 사하여 준 것같이 우리 죄를 사하여 주옵시고 우리를 시험에 들게 하지 마옵시고 다만 악에서 구하옵소서 (나라와 권세와 영광이 아버지께 영원히 있사옵나이다 아멘)"(마 6:11~13).

안토니오 산체스(Antonio Sanchez)가 자신의 어린 동생을 살해한 혐의로 멕시코의 어느 소년원으로 호송되었을 때, 그의 나이는 겨우 다섯 살이었다. 그를 쇠사슬로 때리고 불로 고문하던 토니의 부모는 경찰에 그가 살인자라고 말한 후 그를 버리고 사라졌다. 감옥에 있는 다른 수감자들은 "살인자"라는 말로 그를 괴롭혔고 때로는 그에게 욕설을 퍼부었다. 그는 음식을 얻기 위해 싸워야만 했다.

한 미국인 교수 캐롤라인 쿤즈(Carolyn Koons)가 토니의 이야기를 들을 때까지는 아무도 그에게 일어난 일에 관심을 기울이지 않는 것 같았다. 그녀는 3년 동안 관료들과 부패한 소년원 교도관들과 싸워서, 토니가 열두 살 되는 해에 그를 석방하고 입양시킨다는 보장을 받았다. 그러나 진짜 싸움은 이제 막 시작되었다. 과거의 배고픔 때문에 여전히 주머니를 롤 빵으로 가득 채우고, 자신의 감정이 상했기 때문에 다른 사람에게 마구 욕설을 퍼붓고, 구속받지 않는 생활 때문에 온갖 나쁜 일에 유혹받는 듯한 소년, 캐롤라인은 그 소년의 욕구를 충족시켜 주어야 했다. 독신 부모로서 그녀는 자신이 그의 육체적, 정서적, 정신적 욕구들을 충족시켜 줄 수 있을지 확신이 서지 않았다. 그러나 그녀는 해냈다. 그녀에게는 토니의 세상 아버지와는 달리 그녀의 필요를 아시는 하나님 아버지가 계셨기 때문이다.

예수께서 하늘에 계신 우리 아버지께 기도하는 방법을 가르쳐 주셨을 때, 그분은 우리에게 기도의 모형을 제시해 주신 것이다. 처음 세 가지 요구는 하나님의 이름과 나라와 뜻과 관계 있으며 우리 아버지 하나님께 초점을 맞춘다. 그 다음 나머지 세 가지 간구는 양식과 죄 사함과 유혹에 관한 것으로, 하나님의 가족인 우리에게 중심을 두고 있다.

독일 신학자 헬뭇 틸리케(Helmut Thielicke)는 우리의 삶 전체는 이러한 간구들의 무지개 속에서 포착된다고 지적했다.
"큰 일과 작은 일, 영적인 것과 물질적인 것, 내적인 것과 외적인 것, 그 어느 것도 이 기도 속에 포함되지 않은 것이 없다."

애들레이 스티븐슨(Adlai Stevenson)이 다음과 같이 말한 적이 있다.
"인간의 욕구를 이해하는 것이 그 욕구의 반을 충족시키는 것이다."
아마도 나머지 반은 그 필요들을 충족시키고자 하는 뜻과 그렇게 할 수 있는 능력을 갖추는 것일 것이다. 하나님은 이 두 가지 모두를 잘 알고 계신다. 하나님은 우리의 필요를 아시며, 그것들을 정확하게 채워 주실 수 있다. 그러므로 예수께서는 우리가 그 필요들에 관하여 하나님 아버지께 아뢰야 한다고 말씀하셨다. 우주적이고 영원한 것들에 관하여 기도한 후, 우리는 세상적이고 일시적인 것들에 관하여 기도할 수 있다.

## 양식을 구하는 기도

예수께서 "오늘날 우리에게 일용할 양식을 주옵시고"라고 말씀하셨을 때, 그분은 기적의 빵을 구하러 슈퍼마켓으로 가보라고 말씀하신 것이 아니다. 그분은 우리가 매일의 필요를 위해 기도하는 것은 합당하고 옳은 일이라는 사실을 강조하신 것이다. 결국 오늘 우리에게 필요한 힘이 없다면, 우리는 참으로 그분의 나라를 섬길 수 없고 그분의 뜻을 행할 수 없기 때문이다. 따라서 하나님께 양식을 살 돈을 벌 수 있도록 직업을 구하는 것은 합당하다. 또한 우리가 양식을 구하기 위하여 직장까지 갈 교통수단을 구하는 것도 타당하다. 하나님은 우리의 필요를 아시며 그 필요에 관심이 있으시다.

우리는 종종 하나님께 양식을 구하여 그분을 성가시게 하지 말라는 유혹을 받는다. 우리는 "식료품을 위해 기도하지 말라. 나가서 열심히 일하라"고 강력하게 말한다. 사실 일부 교부(敎父)들은 '양식'이란 말에 영적인 의미를 부여하여, 성찬식에 사용되는 빵을 의미하는 것으로 보았다. 그들이 그렇게 한 것은 이해할 만하다. 왜냐하면 하나님의 영광을 위해 기도를 한 후 식료품과 같은 세상적인 것으로 화제를 돌리는 것은 너무나도 이상한 것으로 보였기 때문이다.

그러나 "일용할 양식"은 정확하게 말 그대로의 의미이다. '양식'이란 말은 우리의 육신을 지탱해 주는 음식을 의미한다. 물론 더 큰 의미에서 양식은 우리가 살기 위해 구해야 할 모든 것을 의미한다. 하늘에 계신 우리 아버지는 식료품 목록에 들어 있는 항목들에 관심이 있으시다. 우리의 다음 식사가 될 음식은 하나님께 중요하다.

이 간구의 초점은 "일용할" 양식이다. "일용할"(daily)이라고 번역된 단어는 수세기 동안 학자들을 당황하게 했다. 성경에서 이 단어가 사용된 곳은 주기도문뿐이다. 성경 외의 문서에서도 이 단어는 발견되지 않았다. 그러다가 몇 년 전 어느 고고학자가 가정 주부의 장보기 목록이 들어 있는 파피루스 파편을 발견했는데, 거기에는 여러 항목이 적혀 있었고 끝에 "일용할"에 해당되는 단어가 씌어 있었다. 이 단어는 아마도 "다음날에 충분한"이라는 의미였던 것 같다. 따라서 이 구절은 "내일 먹을 충분한 양식을 오늘 우리에게 주십시오"라고 번역해야 한다. 아침에 드리는 이 간구는 그 날 생길 필요를 구하는 것이고, 저녁에 드리는 것은 다음날의 필요를 구하는 것이다. 물론 함축된 의미는, 우리가 하나님께 영광을 돌리고 그분의 뜻을 행하기 위하여 필요한 것은 무엇이든지 하나님이 공급해 주시리라는 것이다.

요즈음에는 대부분 냉장고를 사용하기 때문에 단 하루치 양식을 구입하지는 않는다. 우리는 너무도 풍성하게 음식을 쌓아 두기 때문에 식사할 때 아무 생각 없이 감사의 기도를 중얼거릴 뿐이다.

예수께서는 우리에게 몇천만 원짜리 승용차나 밍크 코트 혹은 몇십만 원짜리 구두를 구하라고 하시지는 않았다. 양식을 위해 기도하라는 것은 사치품들이 아니라 생활 필수품들을 구하라는 것이다. 케익이 아니라 양식을 위하여 기도하라. 또한 우리는 앞으로 여러 해 동안 필요한 필수품들을 구하라는 요청을 받지도 않았다. 우리는 내일을 지내기에 필요한 필수품들을 구하여야 한다.

"오늘날 우리에게 일용할 양식을 주옵소서"라는 기도에는 우리 자신 뿐만 아니라 다른 사람들을 위한 기도도 들어 있다. 만일 내가 진심으로 이 기도를 한다면, 다른 사람은 생각지 않고 양식을 쌓아 두는 식의 이기적인 모습을 보이지는 않을 것이다. 만일 하나님 아버지께서 내게 두 덩어리의 빵을 제공하시고 내 형제나 자매에게 하나도 제공하시지 않는다면, 나는 참으로 하나님이 우리 기도에 응답하셨다고 이해할 것이다. 그러나 나의 남은 한 덩어리의 빵은 저장해 둘 것이 아니라 함께 나누어야 할 것이다.

하나님은 우리를 자유롭게 하기를 원하신다. 우리는 우리의 작은 요구를 하나님께로 가지고 갈 수 있다. 우리는 양식과 의복과 구두, 곧 우리에게 필요한 모든 것을 하나님 앞에서 구할 수 있다. 만일 우리가 그런 것들을 필요로 한다면, 그것들은 하늘에 계신 우리 아버지께도 역시 중요한 것이다.

## 죄 사함을 구하는 기도

양식을 구한 다음에 우리는 그분께 용서를 구해야 한다. 우리는 "우리가 우리에게 죄지은 자를 사하여 준 것같이 우리 죄를 사하여 주옵소서"라고 기도하라는 가르침을 받았지만, 별로 우리 죄에 대해 염려하지 않는 것 같다.

 월터 호턴(Walter Horton)은 그의 저서 『우리 문화의 도전』(*The Challenge of our Culture*)에서 우리의 상태를 다음과 같이 말한다.
"현대인은 분명히 무언가 염려한다. 죽을 정도로 염려한다. 현대인의 행동을 분석해 보면, 눈으로 하나님을 보지 않으려고 무척 애를 쓰는 것을 알 수 있다. 그것은 하나님 앞에서 자신의 위치에 대한 두려움과 관계가 있음이 틀림없다."
 조간 신문에 난 만화에 심리학자가 한 환자에게 귀를 기울이는 모습이 그려져 있다. 그 심리학자는 마침내 "피그비 씨, 제가 당신의 죄의식을 설명할 수 있을 것 같군요. 당신은 죄를 지었어요!"라고 말했다.

 "사하여 주옵소서"라는 말(12절)은 "일용할 양식을 주옵시고"라는 말(11절) 다음에 나온다. 예수께서는 이 두 가지 간구를 연결시켰다. 그런 식으로 우리는 양식의 필요를 생각할 때 죄 용서의 필요를 깨닫고, 죄를 고백할 때 다른 사람과의 관계를 어떻게 해 왔는지 생각한다.

 누가복음 11장에서 그 기도는 "우리 죄도 사하여 주옵시고"(4절)로 되어 있다. 마태복음 6장에서 이 간구는 "우리의 빚도 탕감하여 주옵시고"(12절/난하주 참조-역자 주)로 되어 있는데, 이것은 고의적인 불순종 뿐만 아니라 빚도 죄라는 사실을 환기시켜 준다. 이것은 우리가 하나님께 진 빚으로서, 예수 그리스도가 그 빚을 갚아 주셨다.

어거스틴(Augustine)은 이 죄 사함의 간구를 "무시무시한 간구"라고 이름 붙였다. 왜냐하면 만일 우리가 다른 사람들을 용서해 주는 것처럼 우리를 용서해 달라고 구할 때 용서하지 않는 마음을 품고 있다면, 사실 우리는 하나님께 우리를 용서하지 말아 달라고 기도하는 것과 같기 때문이다.

죄의 고백이 어떤 작용을 하는지 생각해 보라. 만일 내가 정직하게 죄 사함을 위해 기도한다면, 나는 스스로를 낮게 평가하게 될 것이고 나 자신의 죄를 인정할 것이다. 만일 내 삶이 얼마나 더러운지 안다면, 나는 다른 사람들의 죄를 다른 시각에서 볼 수 있을 것이다. 그런 자세가 없다면 나는 스스로를 매우 중요하고 고귀하고 영광받을 만하다고 생각할 수 있으므로, 자기처럼 의로운 사람을 감히 공격하는 어떤 사람을 용서한다는 것은 상상조차 할 수 없는 일일 것이다. 그것은 자기 독선이다. 자기 독선적인 자세에서 용서를 억지로 구하는 것은 돌덩이에서 사과 쥬스를 짜내는 것보다 더 어렵다. 그와 같은 사람에게는 다른 사람에 대한 용서란 도저히 있을 수 없는 일이다.

만일 우리가 정직하게 하나님을 우리 아버지로 인정한다면, 우리는 용서받은 자들 중의 한 사람이다. 우리에게 잘못을 저지른 사람들을 용서하기가 매우 힘들다는 것을 알게 될 때도 종종 있지만, 우리는 하나님을 거스려 지은 우리 죄와 비교할 때 개인적인 무례는 사소한 것이라고 인정하지 않을 수 없다. 우리가 다른 사람들을 용서할 때, 그것은 우리가 하나님의 용서를 받았다는 증거이다. 하나님의 용서하심 덕분에 사는 사람들은 자신들에게 죄를 지은 사람들을 용서해 주는 것이 더 쉬운 일이라는 사실을 깨닫는다.

우리가 우리의 죄를 인정하고 용서함을 구할 때 하나님의 은혜를 가장 잘 이해하게 된다. 우리에게 죄지은 자들을 그리스도로 말미암아 완전하고 값없이 용서할 때 가장 많이 하나님을 닮는다.

## 보호하심을 구하는 기도

양식의 공급과 죄 사함을 위하여 기도한 후 우리는 계속해서 하나님의 보호하심을 구하게 된다. 우리는 이렇게 기도한다.
"우리를 시험에 들게 하지 마옵시고 다만 악에서 구하옵소서."

백화점에서 한 젊은 여성이 "나를 유혹하지 마세요. 내가 스스로 유혹을 찾을 수 있으니까요"라는 문구가 적힌 티셔츠를 자랑했다. 그녀는 자신이 지나갈 때 사람들이 낄낄거리기를 바랐지만, 우리는 그녀의 셔츠에 적힌 문구를 보고 한 가지 질문을 갖게 되었다. "우리를 시험에 들게 하지 마옵소서"라고 기도할 때 그것은 무엇을 위한 기도인가 하는 것이다.

왜 우리는 하나님께 '우리를 시험에 들게 하지 말아 달라'(not to lead us into temptation)고 간구해야 하는가? 그분에게 '우리를 시험에서 지켜 달라'(to keep us out of temptation)고 간구하는 것이 더 그럴 듯한데 말이다. D.A. 카슨(Carson) 교수는 예수께서 반대 개념을 언급함으로써 긍정적인 어떤 것을 표현하기 위하여 비유법을 사용하고 계시다고 주장한다. 예를 들면, 만일 내가 "이것은 작은 문제가 아니다"라고 말한다면 그 말은 큰 문제라는 의미이다. 우리가 "우리를 시험에 들게 하지 마옵소서"라고 기도할 때, 사실 그것은 "나를 시험으로부터 보호해 주십시오"라고 기도하는 것이다. 우리는 "사단이 우리를 갑자기 공격하지 못하게 하소서. 우리 영혼의 적들이 우리를 함정에 빠뜨리지 못하게 하소서"라고 외치고 있는 것이다. 우리를 위협하는 죄의 모든 유혹으로부터 우리를 지킬 능력이 하나님께 있다는 것을 우리는 안다. 그러므로 우리는 "죄를 지을 기회가 생길지라도 죄를 짓고자 하는 욕망을 갖지 않게 하소서. 죄의 욕망이 내 속에서 일어날지라도 그런 기회를 갖지 않게 하소서"라고 간구하는 것이다.

솔직히 말해 보자. 사실 우리는 유혹(시험)에서 구원받기를 좀처럼 원치 않는다. 유혹은 너무나도 많은 재미를 약속한다. 어떤 익살꾼은 "유혹에 저항하지 말라. 유혹은 한번 떠나면 다시는 돌아오지 않을 것이다"라고 말했다. 유혹은 피를 끓어오르게 하며 상상의 불을 당긴다. 만일 우리가 유혹을 불쾌하게 여긴다면, 그것은 결코 유혹이 아니다. 일반적으로 유혹은 그리 나쁘게 보이지 않으므로, 우리는 유혹에 놀아나고 함께 어울려 방탕하며 우리 삶 속으로 그것을 끌어들인다. 우리가 죄에 대하여 기도할 때 우리를 괴롭히는 것은 유혹이 아니다. 우리가 없어지기를 바라는 것은 바로 불순종의 결과들이다.

그러나 이 기도의 문맥에서 볼 때, 우리는 하나님께 우리가 단순히 불순종의 아들 딸이 되지 않게 보호해 달라고만 간구하는 것이 아니다. 사단의 역사는 그것보다 훨씬 더 큰 위험으로 위협한다. 우리는 하나님을 떠난 삶을 살게 하는 수많은 유혹에 둘러싸여 있다. 어떤 일에 야망을 품을 때 그리고 어떤 일을 성공적으로 해낼 때, 우리는 우리 자신의 이름을 영광스럽게 만들고 우리 자신의 왕국을 만들고 먹고 사는 것을 자신의 공로로 여기고 죄를 용서하는 은혜의 필요성을 부정하고자 하는 유혹을 받는다.

우리 영혼의 적(敵)은 우리가 하나님으로부터 버림받기를 원한다. 하나님만이 우리로 죄가 무엇인지 똑바로 보게 할 수 있다. 유혹이 우리를 묶을 쇠사슬이 된다면, 우리는 유혹에 맞서 싸울 것이다. 그러나 그 유혹은 꽃과 향기를 가져다 주며 생동감과 좋은 기분과 좋은 시간과 넓은 식견을 갖게 한다. 유혹은 부(富)와 명성으로 우리를 매수하며 번영과 구속(拘束)받지 않는 자유로 우리를 꼬드긴다. 하나님만이 이러한 유혹으로부터 우리를 보호하실 수 있다.

주기도문은 우리가 사단의 전술 전략을 두려워해야 한다는 사실을 상기시킨다. 여러 해 전 헬뭇 틸리케는 2차 대전 후 점령당한 독일에 관하여 다음과 같이 말했다.
"어둡고 신비스러우며 매혹적인 인물이 활동하고 있다. 유혹 뒤에는 유혹하는 자가 있고, 거짓말 뒤에는 거짓말장이가 있으며, 모든 죽은 자와 피 흘리는 자 뒤에는 「태초부터 살인한 자」가 도사리고 있다."

우리가 "우리를 (그) 악한 자(사단)에게서 구하옵소서"(마 6:13/난하주 참조-역자 주)라고 기도할 때, 우리는 사단의 힘을 깨닫고 우리의 약함을 인정하고 더 큰 하나님의 능력을 간구한다.

## 송영

우리는 진정으로 하나님의 공급과 용서와 보호를 깨달을 때 만물보다 뛰어난 그분의 우월하심을 깨닫게 될 것이다. 우리가 평범하게 암송하는 주기도문은 큰 나팔 소리 같은 찬양으로 끝이 난다.
"대개 나라와 권세와 영광이 아버지께 영원히 있사옵나이다 아멘."
이 구절은 기도를 끝내는 적합하고 알맞은 방법처럼 보인다. 그렇기 때문에 마태복음이나 누가복음의 가장 초기의 그리고 가장 신뢰할 만한 사본에서 이 구절이 나타나지 않는다는 사실을 알게 되면 다소 불안하다. 분명히 이 송영은 본래 예수께서 주신 기도문의 일부가 아니었다. 사실, 이 구절은 2,4세기에 처음으로 나타났다.

그러나 기도는 결말을 필요로 한다. 그렇지 않다면 이 기도는 악한 자(사단)가 우리를 잡으려고 올무를 놓았다는 경고와 유혹의 위협으로 끝나게 된다. 초대 교회 그리스도인들은 하나님 아버지께 이 기도를 올릴 때 냉엄하고 겁을 주는 내용으로 끝맺지 않고 이 확신의 찬양을 덧붙였다.

이 송영이 예수께서 직접 주신 것은 아닐지라도, 다윗의 말(대상 29:11)에서 네 생물의 말(계 5:13)까지 성경 여러 곳에서 그 지지 내용을 주장할 수 있다. 그러나 이 찬미의 송영은 우리가 기도하기 위하여 받아들여야 할 가정(假定)이 아니라, 기도가 우리에게 주는 확신이다.

토니 산체스가 처음부터 새 엄마 캐롤라인 쿤즈에게 끌린 것은 아니다. 사실 그는 다른 무엇보다도 말썽 피우는 일에 푹 빠져든 것 같았다. 그는 캐롤라인이 자신을 사랑하지 않는다고 번번이 비난하고 "나는 당신이나 그 밖의 누구에게도 순종하지 않을 겁니다"라고 말함으로써 그녀를 괴롭혔다. 캐롤라인은 그가 그렇게도 좋아하는 맛있는 햄버거 구워 주는 일을 결코 멈추지 않았고, 그가 쓰라린 말을 해도 그를 꼭 껴안아 주기를 잊지 않았다. 또 다른 애들과 싸울 때 그를 구해 내는 일도 계속했다. 그러나 캐롤라인은 토니와 가까워지는 것을 단념하다시피 했다.

어쨌든 그녀가 그를 위해 해 온 그런 일상적인 작은 일들은 전부 아무 효과가 없는 것처럼 보였다. 그러나 그때 캐롤라인에게 깜짝 놀랄 만한 일이 일어났다. 토니가 중학교 졸업식 때 예상치 못한 말을 한 것이다. 그는 말을 더듬으면서 이렇게 말했다.
"나는 나를 양자로 입양해 주고 미국으로 데려온 엄마에게 감사 드리고 싶습니다."
그는 눈물을 흘리면서 외쳤다.
"사랑해요, 엄마. 사랑해요. 사랑해요."
그날의 모든 영광은 캐롤라인의 것이었다.

하나님 아버지께서 우리를 매일 돌보신다는 것을 깨닫고 그분의 용서하심의 깊이를 체험하고 그분의 변함없는 보호를 깨달을 때, 우리는 "하나님 아버지, 나라와 권세와 영광이 당신의 것이며, 나는 당신을 사랑합니다"라고 외치게 된다.

# 제5장

# 영원을 지향하는 자의 재물관

"너희를 위하여 보물을 땅에 쌓아 두지 말라 거기는 좀과 동록이 해하며 도적이 구멍을 뚫고 도적질하느니라 오직 너희를 위하여 보물을 하늘에 쌓아 두라 거기는 좀이나 동록이 해하지 못하며 도적이 구멍을 뚫지도 못하고 도적질도 못하느니라 네 보물 있는 그 곳에는 네 마음도 있느니라 눈은 몸의 등불이니 그러므로 네 눈이 성하면 온 몸이 밝을 것이요 눈이 나쁘면 온 몸이 어두울 것이니 그러므로 네게 있는 빛이 어두우면 그 어두움이 얼마나 하겠느뇨 한 사람이 두 주인을 섬기지 못할 것이니 혹 이를 미워하며 저를 사랑하거나 혹 이를 중히 여기며 저를 경히 여김이라 너희가 하나님과 재물을 겸하여 섬기지 못하느니라(마 6:19~24).

**잭** 페리(Jack Perry)는 25년 동안 재외 미국 공관에서 근무했다. 그는 『빛에서 온 빛』(Light from Light)에서 이렇게 쓰고 있다.

"우리는 돈 버는 것을 주목적으로 해서 공무원이 되지는 않습니다. 그러나 이사를 한 후 짐을 정리하다가 다시 한번 빚을 지게 되었을 때는 언제나 비참합니다…우리는 얼마 후 또 이사를 해야 한다는 것을 알기 때문에 우리가 살고 있는 집을 소유하지는 못합니다…해외 근무를 한 후 우리는 부(富)를 축적하지는 못했지만, 이 세상의 물질적인 보물들은 중요한 것이 아니라는 강한…깨달음을 얻게 됩니다."

잭 페리와는 대조적으로 바리새인들은 부유하고 돈을 사랑하는 자들이었다(눅 16:14). 그들은 제사장들처럼 직업적인 종교인들은 아니었지만 경건한 평신도들이었다. 비록 시장에서 일하여 먹고 산다고 할지라도 그들은 종교적인 전통의 율법들을 엄격하게 준수하는 것으로 유명했다. 결과적으로 그들은 크게 존경을 받았으며, 백성들에 대한 영향력 때문에 부자와 권세자가 되는 경우도 종종 있었다.

바리새인들의 관점과 마찬가지로, 모든 행위는 하나님 앞에서 하는 것처럼 해야 한다는 청교도 윤리는 미국에서 부를 축적한 많은 사람들이 갖고 있는 생각이었다. 청교도 윤리에 따르면, 한 사람이 밭을 갈 때, 그는 하나님에 대한 거룩한 섬김으로서 그 일을 했다. 만일 어떤 사람이 조각 작품을 만들면, 그것은 인간이 아니라 하나님이 보시게 하기 위한 것이었다. 어떤 일을 하든지 그것을 하나님께 대한 섬김으로 생각한 사람들은 종종 크게 성공했다. 오늘날 우리는 일할 때 청교도 윤리를 추구하지만, 전능하신 하나님을 기쁘게 하기 위해서가 아니라 전능한 돈을 벌기 위하여 한다.

## 성경적인 재물관

바리새인들이 그러했듯이, 열심히 일을 하면 보상을 받는다. 그러나 바리새인들은 잘못된 결론을 내렸다. 그들은 자신들의 의로움에 대한 상급으로 부(富)를 축적하게 되었다고 추론했다. 물론 그들이 선한 생활 때문에 부를 누린 것은 사실이다. 그러나 그것은 의(義)에 대한 보상이 아니었다. 산상수훈 앞 부분에서 예수께서는 그들의 의는 참된 의가 아니라고 지적하셨다. 그것은 단지 외적인 표준에 맞는 것이었을 뿐이다.

그러므로 산상수훈에서 예수께서는 그들에게, 자신들의 경건함에 대한 하나님의 상급이라고 생각하는 그들의 부는 참된 부가 아니며 따라서 참된 상급이 아니라는 것을 보여 주셨다. 그래서 보물을 저장하는 것에 관한 이 부분은 여러 가지 면으로 산상수훈의 나머지 내용과 연결되지만, 근본적으로는 주기도문의 첫 두 구절에 관한 상세한 설명 혹은 주석이다. 이 부분은 주기도문의 첫 두 구절이 무엇을 의미하는지 넌즈시 보여 주고 있다. 우리가 하나님의 이름을 거룩히 여기고, 그분의 나라가 임하고 그분의 뜻이 이루어지기를 기도한다면, 그것은 우리의 재물관에 영향을 주어야 마땅하다.

일부 열심 있는 사람들은 세상 재물을 축적하지 말라는 예수님의 경고를 은행 구좌나 개인의 재산을 갖지 말라는 의미라고 생각했다. 그러나 그것은 성경이 증거하는 바가 아니다. 바울은 부모가 자녀들을 위해 저축하는 원리(고후 12:14)를 인정했으며, 잠언은 장래를 위해 양식을 모아 두는 개미의 교훈을 지적한다(잠 6:6). 성경은 저축에 대해 좋게 말한다.

또한 성경은 개인 재산을 소유할 권리를 인정한다. 만일 사유 재산권을 인정하지 않았다면, 도둑질하지 말라는 제 8계명은 성립될 수가 없다. 베드로는 아나니아와 삽비라를 책망했는데, 이는 그들이 재산을 소유했기 때문이 아니라 거짓말을 했기 때문이다. 그는 그들이 자기 재산을 팔아서 받은 돈과 땅은 항상 그들 마음대로 처분할 수 있다고 말했다(행 5:4).

예수께서는 저축하는 것을 옳지 않다고 보지 않으셨으며, 만나는 모든 사람에게 모든 것을 포기하라고 요구하지도 않으셨다. 그분은 소유물에서 어떤 든든함을 확보하려는 동기로 재물을 축적하는 것에 대해 경고하셨다. 돈은 하나님께서 인간에게 맡기신 위탁물이라는 사실을 망각한 채 그것을 갈망하고 애지중지하는 인색한 사람들을 그분은 혐오하셨다. 돈은 인생이라는 게임에서의 점수판이 아니다. 돈은 필요를 충족시키기 위해 사용되어야 한다.

누가복음 12장의 어리석은 부자는 자신의 창고를 곡식으로 가득 채웠지만, 하나님은 그의 탐욕을 심판하셨다(20절). 누가복음 16장의 부자는 거지 나사로를 도울 수 있었는데도 돕지 않았다(19,20절). 이 부자가 고통받는 모습을 그린 내용은 선견지명이 없는 어리석음, 곧 다른 사람들보다는 우리 자신에게 투자하는 것의 어리석음을 분명하게 묘사한다. 어쨌든 좀과 동록(銅綠)과 도둑은 우리의 값진 재물을 파괴할 것이다.

1세기에는 은행이 없었기에 사람들은 세 가지 방법으로 부를 축적했다. 그 한 가지는 의복을 모음으로써 부를 축적하는 것이었다. 좋은 의복을 모아 두는 것은 은행에 돈을 저축하는 것만큼 좋은 방법이었다. 옷은 나중에 팔 수 있었다. 아간이 바벨론산(産) 외투를 훔쳤을 때, 하나님은 그 행위에 대해 그를 정죄하셨다(수 7:20,21). 아간은 입기 위해서 그 오래된 옷을 훔친 것이 아니었다. 그가 외투를 훔친 것은 장래에 대한 투자였다.

부를 축적하는 두번째 방법은 곡간에 곡식을 저장하는 것이었다. 고대 근동 세계에서는 비가 언제 내릴지 알 수 없었기 때문에 기근은 엄연한 현실이었다. 기근이 닥쳐서 곡식 가격이 급등할 때까지 곡식을 저장해 둘 수 있다면 그는 엄청난 부자가 될 수 있었다.

저축하는 세번째 방법은 재산을 금으로 바꾸는 것이었다. 그러나 사람들은 금고에 금을 보관하지 않고 항아리 속에 숨기거나 밭에 묻어 두었다.

예수께서는 부자들이 재물을 모으는 방법을 지적하시고 그것은 결코 안전한 투자가 아니라고 경고하셨다. 게걸스러운 좀에게 아름다운 의복들은 맛있는 음식이며, 구멍난 의복들은 쓸모 없는 투자가 되어 버린다. 곡식은 먹어서 없어질 수 있다. "동록"이라는 말은 곧 "먹는다"는 말이다. 녹이 쇠를 부식시키기 때문에 동록(rust)이란 말이 그런 의미로 쓰이는 경우가 종종 있었지만, 본문에서 이 단어는 쥐나 새앙쥐 같은 설치류들이 먹어 없앤다는 의미가 더 자연스러울 것이다. 도둑은 가택을 침입하거나 말 그대로 "파내어" 감으로써 금을 훔칠 수 있다. 사실, 1세기의 도둑들은 도굴꾼들이라고 불렀다. 팔레스틴의 가옥들은 진흙을 구워서 만들었으므로, 강도는 벽에 구멍을 내어 집에 침입했다. **사람들은 그들의 의복과 곡식과 금이 안전하다고 생각할지 모르지만, 좀과 동록과 도둑은 땅에는 안전하게 투자할 수 있는 것이 없다는 사실을 보여 준다.**

그 뒤 2천 년이 흘러갔다. 상황은 변했지만 현실은 변하지 않았다. 주식과 채권은 시장의 시세 변화에 좌우된다. 인플레는 쥐와 같이 은행 통장에 들어 있는 돈을 조금씩 가치 없게 만든다. 통화(通貨)는 평가절하될 수 있다. 집과 배와 차는 화재와 폭풍과 녹에 손상되기 쉽다. 토지조차도 한번의 '화학 물질 유출로 그 가치를 상실할 수 있다. 우리가 부를 어느 곳에 축적해 두든지 간에 확실한 보장을 주는 것은 하나도 없다. 오직 선견지명이 없는 투자가들만이 이 땅 위에 헛되이 유가증권 일람표를 쌓아 둔다. 예수께서는 투자에 관한 더 좋은 충고를 해 주셨다. 하늘에 쌓아 둔 재물은 더욱 안전하며 더 나은 이익 배당을 해 준다. 산상수훈의 문맥에서 가난한 자들을 구제하는 사람들은 세상에서 하나님의 사역을 돕고 있는 것이다. 사람들은 영원하기 때문에, 우리가 사람들에게 투자하는 것은 영원히 남아 있다.

교부 오리겐(Origen)은 그리도인들은 땅의 자본을 취하여 하늘의 통화로 바꾸는 환전상이라고 기술했다. 다른 말로 하면, 우리는 우리보다 더 오래 남아 있을 것에 재산을 투자할 필요가 있다. 코란은 이를 다른 방법으로 표현한다.
"사람이 죽을 때, 땅 위의 사람들은 그가 무엇을 남겼느냐고 묻는다. 그러나 하늘의 천사들은 그가 죽기 전에 무엇을 바쳤느냐고 묻는다."

영원한 것은 남아 있을 것이고 일시적인 것은 사라질 것이기 때문에 그리고 하늘에 재물을 쌓음으로써 바른 시각을 갖게 되기 때문에, 우리는 보물을 하늘에 쌓아 두어야 한다. 예수께서 우리의 마음이 있는 곳에 재물이 있다고 말씀하신 것이 아니라 그 반대라고 말씀하신 사실을 주목하라. 우리의 보물이 있는 곳에 우리의 마음이 있을 것이다. 우리는 어떻게 하나님을 향하는 마음을 계발할 수 있을까? 올바른 곳에 투자함으로써 그렇게 할 수 있다. 우리가 관심을 갖고 있는 곳에 투자를 한다는 것은 분명한 사실이다.

증권 시장을 마음대로 주무르는 투자가들은 자신들의 증권이 잘 되고 있는지를 보기 위해 매일 시세를 조사한다. 그들이 증권 거래소의 모든 증권을 분석하는 일은 드물지만, 최소한 자신들의 증권을 분석하는 일은 거의 빼놓지 않는다. 그것은 바로 그들의 관심이 그곳에 있기 때문이다. 모든 투자에는 그에 상응하는 관심이 있다는 것은 더 말할 나위가 없다.

우리가 하나님의 영원한 나라에 대한 열심을 원한다면, 우리의 보물을 그곳에 쌓아 두어야 한다. 만일 우리가 사업을 일으키는 데나 더 멋진 집을 사는 데나 매년 새 차를 구입하는 데 우리의 삶을 소비한다면, 하나님과 그분의 나라는 털끝만큼의 유익도 얻지 못할 것이다. 더욱이, 땅의 덧없는 것들에 우리 삶을 집중한다면 우리는 죽음을 잘 받아들이지 못할 것이다.

18세기 영어 사전 편집자 사무엘 존슨이 한번은 아름답게 꾸며진 잔디로 둘러싸인 웅장하고 멋진 저택을 방문하여 구경해 달라는 초청을 받았다. 존슨은 그곳을 떠나면서 한 친구에게 "이와 같은 저택에 사는 사람은 죽는 것이 쉽지 않을 거요"라고 말했다. 우리가 여기 이 땅에 보물을 쌓으면 쌓을수록 죽음은 더욱더 비참하게 된다. 그것은 우리가 가장 소중하게 여기던 것을 남겨두고 떠나야 하기 때문이다. "당신이 보물을 두는 곳에 당신의 마음도 있을 것이다"라는 사실을 인생의 원리로 삼으라.

현재 이 땅을 위하여 사는 사람들, 곧 은행에 투자하거나 부동산 투기로 보물을 이 땅에 쌓는 사람들은 이 시대를 위해 사는 사람들이다. 왜냐하면 이 시대가 그들이 아는 유일한 시대이기 때문이다. 이것이 존재하는 모든 것이다. 그러나 하나님 나라의 실체를 아는 사람들은, 보물을 하늘에 쌓아 두라는 예수님의 말씀이 기부금을 호소하거나 큰 기부자에게 매달려 구걸하는 것이 아니라는 사실을 이해한다. 그분은 사리에 맞는 말씀을 하셨던 것이다.

우리가 영원한 관점을 가질 때, 우리의 세상적인 시각은 변하지 않을 수 없다. 결국 우리의 관점이 무엇보다도 중요하다.

뉴욕 시에 사는 어떤 남자에게 고양이를 기르는 아내가 있었다. 사실 그 고양이가 그의 아내를 소유했다. 그녀는 고양이를 사랑했다. 그녀는 고양이를 쓰다듬어 주고 털을 빗어 주고 먹이를 먹여 주고 지나치게 소중하게 생각했다. 그의 남편은 고양이를 몹시 싫어했다. 그는 고양이 털 알레르기가 있었다. 그는 고양이가 잠자리로 사용하는 상자에서 나는 냄새를 싫어했으며, 고양이가 가구에 흠집을 내는 것을 참을 수가 없었다. 또 고양이가 침대로 뛰어올라오곤 했으므로 밤잠을 제대로 잘 수가 없었다. 어느 날 아내가 주말을 보내러 교외로 나가자, 그는 고양이를 돌과 함께 가방에 넣어 허드슨 강에 던져넣고는 고양이에게 기분 좋게 작별 인사를 했다. 아내가 돌아와서 고양이가 없어진 것을 알았을 때 그녀는 몹시 슬퍼했다.

그녀의 남편은 "여보, 당신이 얼마나 그 고양이를 사랑했는지는 내가 잘 알지 않소. 신문에 광고를 내서 고양이를 찾아다 주는 사람에게는 5백 달러의 상금을 주기로 합시다."
고양이는 발견되지 않았다. 며칠 후 그는 "여보, 당신은 세상에 있는 어떤 것보다도 내게 소중한 사람이오. 만일 그 고양이가 당신에게 소중하다면, 그것은 내게도 소중하오. 이렇게 하면 어떻겠소. 한번 더 광고를 내어 보상금을 올립시다. 상금을 천 달러로 높이기로 합시다"라고 말했다.

한 친구가 그 신문 광고를 보고는 "자네는 정말 바보로군. 세상에 천 달러의 가치가 있는 고양이는 없네"라고 큰 소리로 말했다.

그 남편은 『글쎄, 그 고양이가 내게 어떤 의미가 있는지 자네가 안다면 그 정도의 값을 낼 수 있을 거네』라고 대답했다.

하나님 나라에 참여한다는 것이 어떤 의미인지를 어렴풋이 안다면 우리는 관대해질 수 있다. **우리의 우선 순위는 우리가 어떤 식으로 베풀며 사는가를 보면 알 수 있다.**

## 영원한 시각(視角)의 중요성

영원한 시각을 갖는다는 것이 얼마나 중요한가 하는 것은 예수께서 눈에 관해 설명하신 부분에 잘 표현되어 있다. 예수께서는 이렇게 말씀하셨다.
"눈은 몸의 등불이니 그러므로 네 눈이 성하면 온몸이 밝을 것이요 눈이 나쁘면 온몸이 어두울 것이니 그러므로 네게 있는 빛이 어두우면 그 어두움이 얼마나 하겠느뇨"(마 6:22, 23).

얼핏 보면 이 예화는 우리를 혼란스럽게 만들 수 있다. 이 말씀 배후에는 어린아이와 같은 일종의 단순함이 있다. 우리의 눈은 우리 몸 안을 비추는 등불과 같다. 우리가 눈을 감을 때 내면의 모든 것이 어두워진다. 우리가 눈을 뜰 때 빛이 흘러넘치고 내면의 모든 것이 밝게 보인다. 우리의 시력이 좋다면, 그 빛이 안을 비추어 우리 내면을 밝게 한다. 그러나 시력이 나쁘다면, 우리 안의 모든 것이 흐려지고 희미하게 되는 것 같다. 그리고 만일 우리가 시력을 잃는다면, 우리 안의 모든 것이 한밤중처럼 깜깜하게 될 것이다.

**예수께서는 인생을 바라보는 우리의 관점에 대해 눈을 사용하셔서**

**상징적으로 말씀하셨다. 다른 말로 표현하면, 만일 우리의 시각이 영원하다면 우리는 빛 가운데서 살아갈 것이다.** 우리는 사물들을 실제 모습 그대로 보기 때문에 넘어지지 않는다. 우리는 영원한 것과 일시적인 것의 차이점을 알고 있다. 그러나 만일 우리가 잘 보지 못한다면, 만일 우리의 시각이 일시적인 것이라면, 우리는 온갖 자그마한 장애물과 사소한 유혹에 넘어질 것이다.

예수께서는 일시적인 것에 마음을 빼앗긴 사람들이 대개는 자신들이 빛 가운데에 있다고 생각한다고 결론지으셨다. 그리고 그것은 비극적인 일이라고 말씀하셨다.

어떤 의미에서 그들은 태어나면서부터 눈이 먼 자들과 같다. 그들은 여기저기 돌아다니다가 자신들의 방식대로 "보는" 법을 배운다. 그들은 다른 사람들에게 의존하지 않는다. 그리고 그들에게 어느 길로 가야 하는지 말해 주고 그들을 도우려고 하거나 그들 앞에 놓인 장애물에 대해 경고해 주려고 하는, 시각을 가진 사람들에게 그들은 때때로 화를 낸다. 그들은 그들 나름대로의 현실, 그들 나름대로 세상을 보는 방법이 있다.

사람들이 일시적인 것에 자신들의 삶을 소비하고 영원하지 못한 것에 전념할 뿐만 아니라 그것을 현실로, 곧 빛이라고 변호하는 세상에 우리는 살고 있다. 사람들은 이러한 삶이 전부라고 생각하며 그들의 철학을 발전시킨다. 예수께서는 만일 우리가 빛과 어두움을 혼동한다면 우리의 어두움은 매우 심각한 것이라고 슬퍼하셨다.

우리의 시각은 빛의 시각이거나 어두움의 시각이다. 그리고 만일 우리가 그 차이점을 모른다면, 그것은 위험천만한 일이다.

## 두 주인을 섬기지 못함

빛이든 어두움이든 간에 우리의 시각은 우리의 우선 순위를 결정하며, 그 우선 순위는 우리의 헌신과 구제에 동기를 부여한다. 예수께서는 우리가 두 주인, 곧 빛과 어두움, 하나님과 돈 둘 다를 함께 섬길 수는 없다고 경고하셨다.

어떤 사람들은 이 경고를 들을 때 예수께서 우리에게 부업을 하는 것에 대해 경고하셨다고 생각한다. 직업을 두 개 가지고 있어서 낮에는 이 일을 하고 저녁에는 저 일을 하는 사람들은, 예수께서 두 주인을 섬길 수 없다고 말씀하셨을 때 과장된 말씀을 하신 것이라고 결론을 내린다. 그것은 어렵기는 하지만 분명히 불가능한 것은 아니다.

그러나 예수께서는 두 명의 고용주를 위해 일하는 것에 관해 말씀하시지 않았다. 그분은 한 집안을 위해 전적으로 일하는 노예가 두 주인을 섬기는 문제에 관해 설명하셨다. 1세기의 노예는 주인의 소유물이었다. 그는 하루 종일, 날마다 주인에게 속했다. 그는 8시간 일하고 나머지 시간을 자신을 위해 사용하는 식으로 하지 않았다. 그는 그의 주인이 원하는 일이라면 무엇이든지, 언제든지 그 일을 했다.

있을 수 없는 일이긴 하지만, 만일 한 사람이 두 주인의 노예가 되는 상황에 빠진다면, 그는 두 주인의 요구를 모두 들어 줄 수는 없다는 사실을 깨닫게 될 것이다. 그는 한 주인을 미워하고 다른 주인을 사랑하거나 한 주인에게 헌신하고 다른 주인을 경멸할 것이다. 고대 근동의 사고(思考)에서 애증의 개념은 감정과 기분에 별 관계가 없었다. 그것은 헌신과 우선 순위와 관련이 있다. 다른 말로 하면, 만일 한 사람이 두 주인에게 종 노릇을 할 수밖에 없다면 그는 두 주인 중 한 명에게는 등을 돌릴 수밖에 없을 것이다. 노예가 하는 일 자체가 두 주인을 모두 존경할 수 없게 만든다.

그 노예는 어느 주인을 섬길 것인지를 결정해야 한다. 그러한 선택은 우리가 한 사람을 사랑할 때 다른 모든 사람에게는 "아니오"라고 말한다는 의미와 비슷하다. 한 남자가 한 여자와 결혼할 때, 그것은 반드시 남자가 자기와 결혼하지 않은 여자들에게 감정적인 적대감을 품는다는 것을 의미하지는 않는다. 그것은 단지 결혼이 24시간의 헌신을 요구한다는 의미이다.

당신은 동시에 두 오케스트라의 음악에 맞추어 춤을 출 수 없다. 당신은 동시에 두 명과 결혼할 수 없다. 당신은 두 신(神)을 섬길 수 없다. 그리고 당신은 하나님과 돈을 함께 섬길 수 없다.

많은 번역 성경에서 "맘몬"(mammon)이라는 단어를 "돈"(money)으로 번역한다. 영어 성경 NIV는 사람들이 맘몬이 무엇인지 알지 못하기 때문에 그것을 돈으로 번역하고 있다. 그것은 아람어로서, 소유물과 재산과 관계가 있다. 그 단어가 반드시 부정적인 의미를 갖는 것은 아니다. 돈이 자기 위치를 벗어날 때, 곧 우리가 돈을 사용하는 것이 아니라 섬기게 될 때 그것은 부정적인 것이 된다.

우리는 모두 무엇인가를 섬긴다. 무엇인가가 우리의 삶을 지배하고 우리의 우선 순위를 결정하고 우리의 시간 사용 방법을 통제하고 우리의 꿈을 지배하며 성공에 대한 우리의 생각을 결정한다. 그러므로 우리가 던져야 할 질문은 "우리가 무엇을 섬길 것인가?" 하는 것이다.

당신은 실제로는 돈을 섬기면서 하나님을 섬기는 것처럼 가장

할 수 있다. 당신은 하나님을 섬기면서 돈을 쓸 수는 있지만, 둘 다를 섬길 수는 없다. 그것은 사실이다. 그러므로 질문은 "당신은 하나님을 섬기고 돈을 사용하는가?" 아니면 "돈을 섬기고 하나님을 이용하는가?"이다.

만일 우리가 "하늘에 계신 우리 아버지여 이름이 거룩히 여김을 받으시오며 나라이 임하옵시며 뜻이 하늘에서 이룬 것같이 땅에서도 이루어지이다"라고 기도한다면, 이 기도는 우리의 돈지갑에 주로 적용될 수 있다. **영원한 것에 우리 돈을 투자할 때, 그것은 우리 마음에 영향을 준다. 우리가 빛 가운데서 살고 일할 때, 우리는 사물을 있는 그대로 보며 보이는 것들은 일시적이고 보이지 않는 것들은 영원하다는 사실을 깨닫는다. 그리고 그러한 우선 순위를 따를 때 우리는 하나님을 섬길 것이다.**

우리가 돈의 지배를 받고 있는지 어떤지 어떻게 알 수 있는가? 두 가지 질문이 내 마음에 떠오른다.

**첫째,** 우리는 돈을 어떻게 벌었는가? 우리는 돈을 벌려고 영원한 것을 희생했는가? 만일 그렇다면 우리는 돈의 노예가 된 것이다. 우리는 당연히 얻어야 할 것을 얻었다고 확신하기 위하여 경쟁자를 쓰러뜨리고 그를 파멸시킬 것인가? 만일 그렇다면, 돈이 우리의 우선 순위를 결정하고 있는 것이다.

**둘째,** 우리는 우리의 돈으로 무엇을 하는가? 솔직하게 말해 보자. 우리가 돈궤를 맡았기 때문에 하나님의 대의(大義)가 세상에서 더 잘 이루어지는가? 아니면 하나님은 단지 우리의 남은 잔돈을 얻을 뿐인가?

한 소년이 동전 두 개를 갖고 교회로 향하고 있었다. 하나는 헌금할 동전이고 하나는 사탕을 사 먹을 동전이었다. 소년은 길을 건너다가 넘어져서 동전 한 개를 떨어뜨렸는데 그만 하수구로 들어가 버리고 말았다. 나중에 그는 무슨 일이 일어났는지를 아버지에게 말씀드렸다. "남은 동전을 헌금했니?"라고 그의 아버지가 물었다. 그 소년은 『아뇨. 하나님의 동전은 하수구에 빠져 버렸는 걸요』라고 대답했다.

만일 우리가 재정의 어려움을 당하고 있다면 그리고 그것 때문에 예산을 바꾸어야 한다면, 하나님과 하나님의 역사는 무시되어야 하는가? 우리의 예산에서 최우선 순위에 있는 것은 무엇인가? 우리의 우선 순위에서 하나님은 어느 위치에 적합한가?

보물과 눈과 주인들에 관한 이 성경 구절들은 그리스도께서 주기도문의 처음 세 간구에 관하여 주석을 다신 것이다. 우리가 "이름이 거룩히 여김을 받으시오며"라고 기도할 때, 그것은 "하나님이 나의 하나님이 되게 하소서" 하고 말하는 것과 같다. 또한 "하나님 나라가 임하고 뜻이 하늘에서 이루어진 것같이 땅에서도 이루어지는 것을" 보기 위하여 할 수 있는 모든 것을 투자하겠다고 약속하는 것이다.

주기도문으로 기도한다는 것은 단순한 말 이상의 더 깊은 의미가 있다. 그 간구들은 즉시 우리의 돈지갑에까지 연결된다.

「모노폴리」(Monopoly)라는 게임에서 참가자들은 땅을 사고 돈을 모은다. 한 경기자가 충분한 돈을 갖고 있고 소유물 중에 하나라도 독점권을 갖고 있는 것이 있다면, 그는 집과 호텔을 살 수 있고 그것들을 빌려 주고 집세를 받을 수 있다. 마침내 한 선수가 땅과 건물을 담보로 충분한 돈을 빌려서 다른 선수들을 파산시키면 게임은 끝이 난다. 모노폴리 게임을 만든 파커 브라더즈는 마지막 지시 사항 한 가지를 덧붙인다. 그것은 게임이 끝나면 모든 조각들을 상자에 집어넣어야 한다는 것이다.

현세를 위해 사는 사람들, 곧 영속하지 않을 것에 힘을 쏟는 사람들은 그것이 마치 현실 그대로인 것처럼 모노폴리 게임을 하는 아이들과 같다. 결국 우리는 모두 상자 속에 넣어져서 사라지게 된다. 중요한 것은, 이 땅의 게임이 끝날 때 무엇이 남아 있을 것인가 하는 것이다.

## 제6장

# 염려의 치유

"그러므로 내가 너희에게 이르노니 목숨을 위하여 무엇을 먹을까 무엇을 마실까 몸을 위하여 무엇을 입을까 염려하지 말라 목숨이 음식보다 중하지 아니하며 몸이 의복보다 중하지 아니하냐 공중의 새를 보라 심지도 않고 거두지도 않고 창고에 모아 들이지도 아니하되 너희 천부께서 기르시나니 너희는 이것들보다 귀하지 아니하냐 너희 중에 누가 염려함으로 그 키를 한 자나 더할 수 있느냐 또 너희가 어찌 의복을 위하여 염려하느냐 들의 백합화가 어떻게 자라는가 생각하여 보라 수고도 아니하고 길쌈도 아니하느니라 그러나 내가 너희에게 말하노니 솔로몬의 모든 영광으로도 입은 것이 이 꽃 하나만 같지 못하였느니라 오늘 있다가 내일 아궁이에 던지우는 들풀도 하나님이 이렇게 입히시거든 하물며 너희일까보냐 믿음이 적은 자들아 그러므로 염려하여 이르기를 무엇을 먹을까 무엇을 마실까 무엇을 입을까 하지 말라 이는 다 이방인들이 구하는 것이라 너희 천부께서 이 모든 것이 너희에게 있어야 할 줄을 아시느니라 너희는 먼저 그의 나라와 그의 의를 구하라 그리하면 이 모든 것을 너희에게 더하시리라 그러므로 내일 일을 위하여 염려하지 말라 내일 일은 내일 염려할 것이요 한 날 괴로움은 그날에 족하니라"(마 6:25~34).

**죽**음의 사자(使者)가 어느 날 아침 한 도시를 걸어들어가고 있었는데, 그때 한 사람이 그를 막고 무슨 일을 하고 있는지 물었다. "나는 천 명의 목숨을 요구하려고 도시로 들어가고 있다"고 죽음의 사자가 대답했다. 『그건 무시무시한 일이군요』라고 그 사람이 말했다.
『당신이 천 명을 데려가려고 한다니 무서운 일이군요.』
죽음의 사자는 "이봐요. 내 뒤로 물러나시오. 때가 되었을 때 사람들을 데려가는 것이 내 일이요. 오늘 나는 천 명을 데려가야 하오"라고 말했다. 나중에 죽음의 사자가 그 도시에서 나오다가 그를 만났는데, 이때 그는 몹시 화가 나 있었다.
『당신은 오늘 아침 내게 천 명을 데려가겠다고 했지만 오늘 죽은 사람은 칠천 명이나 되오.』
죽음의 사자는 이렇게 말했다.
"그것은 내가 한 일이 아니오. 나는 오직 천 명만을 취했소. 걱정과 염려가 나머지 사람들을 죽였던 거요."

걱정 때문에 병이 생긴다는 것은 사실이다. 염려가 지나쳐서 죽음에 이르는 경우도 있을 수 있다. 걱정할 때 우리는 마음으로 걱정하는 것이 아니라 신체 기관들로 걱정한다. 그러므로 오랫동안 심한 걱정을 한다면 우리는 궤양에 걸릴 것이며, 다른 온갖 질병에 대한 저항력도 약해질 것이다. 걱정 때문에 때로는 자살을 할 수도 있다. 갤럽 여론 조사 기관은 2,3년 동안 미국의 청소년들에 관하여 흥미로운 연구를 했다. 십대 청소년들이 삶에 대해 주로 어떤 느낌을 가지고 있느냐는 질문을 받았을 때, 60퍼센트의 청소년들이 "두려움"이라고 대답했다. 그것은 십대 청소년들 사이에서 자살이 전염병처럼 만연하고 있는 이유를 설명해 준다. 지난 10년간 십대 청소년의 자살은 거의 400퍼센트 가까이 증가했다. 사람들은 AIDS에 대해 염려하는데, 우리는 자살에 대해서도 염려해야 한다. 미국에서 자살은 20세 이하의 청소년들의 사망 원인 중 사고 다음으로 많은 요인이라고 한다.

사람들은 자신들의 걱정을 해결하기 위하여 온갖 일을 다 한다. 몇 년 전 『Time』지(誌)는 미국인들이 매일 7톤의 수면제를 먹는다고 보도했다. 우리는 진정제와 신경 안정제를 복용하다가 결국 약에 중독된다.

어떤 사람들은 술을 찾는다. 값비싼 독주나 한두 잔의 칵테일은 그들의 걱정을 덜어 주는 것처럼 보이며, 그들을 위대한 사람으로 느끼게 한다. 피츠 제럴드(Edward Fitz Gerald)는 『오마르 카이얌의 루바이야트』(Rubaiyat of Omar Khayyam)에서 걱정에 대한 처방을 다음과 같이 기술했다.
"오, 내 사랑, 과거의 후회와 미래의 두려움을 오늘 깨끗하게 청산하려는 잔을 가득 채우라."
그러나 내가 금주에 관한 광고를 볼 때, 걱정을 없애기 위해 독한 술을 마시는 것은 우리에게 걱정거리를 더할 수 있다는 사실이 분명해진다.

### 염려에 대한 예수님의 교훈

예수님 당시의 사람들은 우리들만큼이나 많은 걱정이 있었다. 어떤 사람들은 1세기는 더 단순했고 사람들은 별로 걱정할 것이 없었으므로 사는 것이 더 쉬웠을 것이라고 생각할지도 모른다. 그러나 그렇게 생각하는 사람들은 1세기 상황을 이해하지 못하고 있는 것이다. 고대 세계의 대부분의 사람들은 오늘날 제 3세계의 사람들과 같은 삶을 살았다. 노동자들은 다음날 쓸 돈이 필요했으므로 매일 일당을 벌어서 먹고 살았다. 정부는 그들을 보호하지 않았다. 그들에게는 보호망이 없었다. 어떤 사람은 팔레스틴의 일반 시민은 최소한 자기 수입의 40퍼센트를 세금으로

냈다고 추측한다. 현대는 어려운 시대일지 모르지만 그 당시도 정말 살기 힘들었다. 그러나 그 당시와 현대에 사는 사람들에게 예수께서는 "염려하지 말라"고 말씀하셨다.

예수께서는 "그러므로"라는 말로써 염려에 관한 말씀을 시작하셨으므로, 우리는 그 단어가 예수께서 앞에서 말씀하신 부분과 관련된 것이라는 사실을 알 수 있다. 우리가 주기도문을 진지하게 받아들인다면, 우리는 어디에 우리의 보물을 쌓아야 할지에 관심을 가질 것이라고 그분은 말씀하셨다. 만일 하나님의 나라와 영원한 것에 관심이 있다면, 우리는 우리가 가지고 있는 것에 소유당하지 않을 것이다.

우리가 가치 있다고 보는 바가 우리가 사는 방법을 결정한다. 만일 우리가 이중적인 시각을 가지고 있다면, 다시 말해서 땅을 열심히 바라보면서 또한 하늘을 보려고 한다면, 우리는 넘어져서 얼굴이 납작해질 것이다. 우리는 선택해야만 한다. 만일 우리가 영원한 것을 소중하게 여긴다면 하나님을 섬길 것을 선택할 것이다. 그러나 일시적인 것을 소중하게 여긴다면 우리는 돈을 섬길 것이다. 우리가 무엇인가를 섬겨야 한다는 사실은 당연한 것이다. 우리는 어떤 것에 우리의 목숨을 건다. 그것이 무엇일까 하는 것은 우리에게 달려있다.

만일 우리가 우리 자신을 하나님께 맡긴다면 그분은 우리를 맡으실 것이다. 우리가 하나님께 종이 된다면 그분은 우리를 걱정과 염려에서 자유롭게 하실 것이다. 이것은 또한 주기도문의 네번째 간구와 부합한다. 하나님의 뜻과 그분의 나라가 우리의 삶 속에서 첫째가 되게 해 달라고 기도한 다음 우리는 이렇게 기도할 수 있다.
"오늘날 우리에게 일용할 양식을 주옵소서."

그러한 특권만이 우리의 삶에서 걱정을 제거해 줄 것이다.

하나님은 두 가지 일을 맡으셨다. 하나는 우리의 몸 안으로 들어오는 것(먹는 것과 마시는 것)이고 또 하나는 우리 몸 위에 오는 것(의복)이다.

예수께서 "염려하지 말라"고 선포하셨을 때, 그분은 내일에 대해 생각하지 말라는 뜻으로 말씀하시지는 않았다. 영어 성경 흠정역에서는 이 구절을 "내일을 위해 생각하지 말라"(give no thought for tomorrow)고 번역한다. 이 동사는 사실 "염려스러운 생각을 하지 말라"는 의미이다. 즉, 내일에 대해 염려하지 말라는 것이다. 예수께서는 내일에 관해 생각하는 것에 반대하지는 않으셨다. 인간이라면 누구나 내일에 관해 생각하기 마련이다. 우리는 장래에 대한 생각을 하지 말라는 경고를 받은 것이 아니라 불길한 것에 대한 염려를 하지 말라는 경고를 받은 것이다.

"염려하지 말라"는 말씀은 "일하지 말라"는 의미가 아니다. 예수께서는 새들을 예로 사용하셨다. 자신을 귀중하게 여기는 새들마다 음식과 안식처를 구하기 위해 열심히 일한다. 그러나 새들은 염려하지 않는다. 사실 바울이 데살로니가인들에게 보내는 두번째 편지(데살로니가후서)를 썼을 때, 그는 이렇게 말했다.
"누구든지 일하기 싫어하거든 먹지도 말게 하라"(3:10).
하나님은 일하는 것을 반대하지 않으신다. 그분은 염려하는 것을 반대하신다. 그분은 자기 제자들에게 "생활 필수품들에 대해 염려하지 말라"고 말씀하신 것이다. 만일 우리가 그분께 우리 자신을 맡긴다면, 그분은 우리를 돌보실 것이다.

그 말씀은 이론상으로는 근사하게 들린다. 그러나 예수님의 말씀은, 우리가 하나뿐인 차를 망가뜨렸을 때 우리 등을 두드리며 "걱정하지 말라"고 말하는 어떤 사람에 대해 우리가 가지는 불편한 감정을 가지게 할 수도 있다. 걱정하지 말라는 말 자체는 걱정을 잠재우지 못한다. 그러나 예수께서는 그 명령만 주신 것이 아니다. 바로 이어서 그분은 걱정하지 말고 살아야 할 일곱 가지 이유를 말씀하셨다.

## 염려하지 말아야 할 일곱 가지 이유

### 첫번째 이유 / 창조의 논리

목숨은 음식이나 의복보다 중요하다. 만일 하나님이 더 큰 일(우리에게 생명을 주시고 우리의 육체를 창조하신 일)을 하셨다면, 분명히 그분은 더 작은 일(먹고 살 음식을 우리에게 주시고 따뜻하게 지낼 의복을 주시는 일)도 하실 것이다. 하나님께서 큰 일을 하셨다면 우리는 그분이 작은 일도 하시리라고 기대할 수 있다. 예를 들어서, 만일 보석상이 당신에게 선물로 비싼 다이아몬드 반지를 주었다면 당신은 그가 그 반지를 넣을 작은 상자도 줄 것이라고 기대하지 않겠는가?

"목숨이 음식보다 중하지 아니하며 몸이 의복보다 중하지 아니하냐"라고 예수께서 물으셨다. 우리는 그것이 사실이라고 확신하지 못하므로 이 논의의 완전한 의미를 이해하지 못할지도 모른다. 우리는 먹는 것과 입는 것으로 우리의 정체성을 찾는 경향이 있다. 우리는 새나 백합보다 낫지 못하다. 광고업자들은 이러한 신념을 강화시킨다. 많은 광고물에서 강조하는 메시지는, 우리가 무엇을 입고 무엇을 먹느냐 하는 것이 바로 우리 자신이 누구인지를 결정한다는 것이다.

그러나 예수께서는 우리가 그런 것보다도 더 중하다고 말씀하셨다. 하나님은 우리에게 생명을 주셨으며, 따라서 그분은 우리가 살아가기 위해 필요한 것을 우리에게 분명히 주실 것이다.

생활에 필요한 기본적인 것들에 대해 염려하는 것은, 예수께서 결론을 내리신 것처럼 불필요할 뿐만 아니라 무의미한 것이기도 하다. 우리 집에서는 새를 키우는데, 때때로 나는 아침을 먹으면서 새들을 지켜본다. 새들보다 더 열심히 일하는 사람은 거의 없다. 나는 북미산 울새들이 하늘에서 벌레가 자기들 입 안으로 떨어지기를 바라면서 나뭇가지에 앉아 있는 것을 본 적이 없다. 울새들은 먹이를 찾으려고 땅을 파헤치고 쫀다. 그러나 그들은 염려하지 않는다. 그들은 노래를 부른다. 예수께서는 일하지 말라고 우리에게 말씀하신 것이 아니다. 그분은 "염려하지 않는 새들처럼 되라"고 말씀하신 것이다. 새들을 창조하신 하나님이 그것들을 돌보시며, 하늘에 계신 우리 하나님 아버지께서 우리를 돌보실 것이다.

그분은 우리에게 씨를 뿌리고 수확하고 곳간에 저장하는 일을 그만두라고 제의하지도 않으셨다. 하나님은 농부나 농사짓는 것을 반대하지 않으신다. 그분은 단지 우리가 새들보다 얼마나 더 중한가를 우리에게 상기시키시는 것이다. 새들은 씨를 뿌리거나 추수하거나 저장할 수 없지만 염려하지는 않는다. "그러면 왜 이러한 능력을 가진 우리가 우리 삶을 염려로 망쳐야 하는가?"라고 그분은 비유로 물으셨다.

### 두번째 이유 / 성경적인 우주관(宇宙觀)

성경적 우주관에 따르면, 하나님은 우주 밖에 계시면서 또한 우주 안에 계신다. 이러한 관점은 하나님이 만물을 창조하셨고 만물을 유지시킨다고 말한다. 하나님은 우주가 어떤 자연 법칙에 따라 운행되도록 계획하셨다. 이 우주 속에 있는 우리는 무슨 일이 일어나고 있는가를 관찰하고 그러한 법칙들을 배울 수 있다. 사실, 그것은 우리의 할 일이다. 우리는 우주를 지키는 자들이다. 하나님께서는 우리에게 그분이 만드신 것을 보호할 의무를 주셨다.

이러한 견해는 기계론적인 것이 아니다. 곧, 이것은 과학 법칙들이나 인과 관계에 엄격하게 연결되어 있지는 않다. 왜냐하면 만일 하나님이 그렇게 하기로 결정하신다면 그분은 우주 운행 질서에 개입하셔서 자연 법칙들을 파기하실 수 있다. 그분은 예수님을 죽은 자 가운데서 부활시킬 때 그렇게 하셨다. 하나님은 우주를 창조하였고 유지시키며 필요할 때는 우주의 법칙을 파기하실 수 있다. 바로 하나님의 주권과 하나님의 권능이 우주를 붙들고 계신다.

성경적인 우주관을 왜곡시킨 것이 두 가지 있는데, 하나는 이신론(理神論)이다. 이것은 하나님을 세계의 창조자로 보지만 반드시 우주를 유지시키는 분으로는 보지 않는다. 이신론자들은 시계공이 시계를 만드는 것과 같은 의미에서 하나님이 우주를 만드셨다고 믿는다. 그분은 창조를 끝내셨을 때 다른 시계들을 만들기 위해 떠나가셨고, 그 우주는 자기 나름대로 운행하도록 버려두셨다는 것이다. 우리는 시계를 계속 작동하게 하는 법칙들을 발견할 때 무한한 하나님에 관해 알게 되지만, 이 견해는 인격적인 하나님에 대한 여지를 남겨두지 않는다.

두번째 왜곡은 하나님을 우주의 유지자로 보지만 그분을 창조자로 인정하지 않는 것이다. 이러한 견해를 가진 사람들은, 그들이 신(神)이나 정령들에게 영향력을 행사할 수 있으며 반대로도 가능하다고 믿는 이방의 정령 숭배자들과 흡사하다. 정령 숭배자들은 신들이 변덕스럽다고 믿는다. 곧, 신들이 어떤 날은 기분이 좋다가 어떤 날은 우울할 수 있다고 믿는다. 그러나 그들은 신들을 달램으로써 자기들에게 복을 주게 할 수 있다고 생각한다.

이들 정령 숭배자들과 마찬가지로, 많은 그리스도인들은 자신들의 삶에서 하나님의 역사가 항상 즉각적이라고 믿는다. 그들에게는 모든 것이 기적이며, 심지어 붐비는 도시의 거리에서 주차할 장소를 찾은 것도 기적이다. 그들에게는 아침 식사 전에 세 가지, 점심 식사 전에는 다섯 가지, 오후에는 여섯 가지 기적이 있다.

이들 그리스도인들은 정령들을 달래는 것이 아니라 하나님을 달랜다. 자연 법칙은 그들에게 큰 의미가 없다. 그들은 하나님을 만물의 유지자로는 보지만 창조주로서의 그분의 사역은 인정하지 않는다. 왜냐하면 그들은 하나님께서 자신이 창조하실 때 설정하신 자연 법칙에 따라서 역사하신다는 사실을 깨닫지 못하기 때문이다.

올바른 우주관에 내재된 의미는 놀라운 것이며 거의 압도적인 것이다. 성경적인 관점에서 하나님은 무한하시다. 하나님은 자신의 피조물을 초월하신다. 그러나 그분은 또한 인격적이며 자신의 피조물에 관여하신다. 우주에 대한 이러한 이해는 기적 뿐만 아니라 과학을 인정한다. 그것은 우주가 법칙에 따라 운행된다고 말한다. 여기에는 우주를 지배하는 자연 법칙에 더하여 인간의 행동을 지배하는 도덕 법칙들이 있다. 도덕적인 우주에서 우리는 인간이 사는 방법과 그들 행동의 결과에 관한 것들을 발견할 수 있다. 이 우주 배후에 자신의 물리적이고 도덕적인 법칙들을 운행하시는 의로운 하나님이 계시다는 사실을 인정할 때, 우리는 하나님의 법칙들을 존중하게 된다. 우리는 그분의 법칙에 우리 자신을 길들일 뿐이다.

그리스도인들은 자연을 볼 때 하나님의 섭리와 계획에 대한 증거를 발견한다. 본문 26절의 예에서 예수께서는 하나님이 자신의 창조 과정 일부로서 공중의 새들에게 먹을 것을 공급한다는 사실을 암시하셨다. 그것은 하나님께서 새들을 부양하시는 방법이며, 그분은 같은 방법을 사용하시어 더 많은 것으로 우리를 부양하신다. 그분은 우리에게 뇌(腦)와 육체와 자활(自活)에 필요한 능력을 주신다. 그것이 바로 우리가 음식에 대해 그분께 감사하는 이유이다. 우리가 하나님께 음식을 주셔서 감사하다고 말하는 것을 들을 때, 이방인들은 하나님이 우리 식탁에 직접 음식을 가져다 주신 것으로 우리가 믿는 줄 안다. 그러나 우리가 하나님께 음식에 대한 감사를 드릴 때, 그 감사는 자연에 대한 것이 아니라 피조물 속에서 움직이는 일련의 과정들을 통하여 우리에게 공급해 주시는 우리 하나님 아버지께 대한 것이다.

하나님이 창조주와 유지자로서 새들을 먹이시는 과정을 질서 정연하게 하셨다면, 그분은 우리를 먹이시기 위해서도 분명히 준비하셨을 것이다.

### 세번째 이유 / 염려의 무익함

걱정함으로 목숨을 한 순간이라도 연장하지 못하며 우리의 키를 조금이라도 크게 하지 못한다. 다른 말로 하면, 염려함으로 아무 것도 변화시키지 못한다. 염려는 우리의 기본적인 필요를 조금도 만족시켜 주지 못한다. 이처럼 염려는 아무 소용이 없으므로, 우리는 염려하지 말아야 한다.

『MAD』지(誌)를 읽어 본 사람들은 알프레드 뉴먼(Alfred E. Newman)을 자상한 미소를 짓는 친구로 아는데, 그의 좌우명은 "뭐, 내가 염려한다고?"이다. 그는 자신이 있거나 확신에 차 있기 때문에 염려하지 않는 것이 아니다. 그는 단지 염려에 대한 의식이 충분치 않은 얼간이일 뿐이다.

내 친구 사무실에는 "주변 모든 사람들이 어찌할 바를 모를 때 당신이 침착할 수 있다면, 당신은 그 상황을 이해하지 못하고 있는 것이 분명하다"라는 글이 씌어 있는 액자가 걸려 있다.

어떤 사람들은 지각이 없기 때문에 염려하지 않는다. 분명히 예수께서는 부주의하고 경솔하고 무기력하여 일하지도 않고 생각하지도 않는 사람들을 칭찬하신 것이 아니다. 산상수훈의 아주 많은 부분이 삶을 진지하게 여기는 사람들을 칭찬하고 있다.

그러나 어떤 사람들은 지나칠 정도로 진지하게 삶을 산다. 사실, 그들은 삶에 너무 주의를 기울여서 걱정과 염려로 가득 찬 삶을 산다. 이러한 사람들은 조그만 사건을 부풀려서 크게 생각할 수 있다. 그들은 염려를 하나의 생활 방식으로 만든다.

때때로 그와 같은 사람들이 내게 상담하러 온다. 내가 문제 해결 방안을 제시하면 그들은 나와 논쟁을 한다. "예, 그렇지만…"이라고 말한 다음, 그들은 다른 문제를 끄집어낸다. 나는 그들이 염려를 멈추고 싶어하지 않는다는 혼란스러운 느낌을 받는다. 이 사람들은 항상 일이 잘 안 될 경우를 상상하며 염려한다. 만일 그들이 사회 보장 제도에 문제가 있다는 기사를 읽으면, 그들은 혜택을 잃을 뿐만 아니라 부가 세금도 내어야만 할 것이라고 확신한다. 그들은 은행의 파산을 염려하며, 만일 은행이 파산하지 않는다면, 그들은 은행에 돈이 충분히 있는지 그렇지 않은지를 염려한다. 그들은 자신들의 투자에 대해서 그리고 가족과 친구와 국가 정상 회담에 대해서 염려한다.

예수께서는 우리가 삶을 보는 방법이 우리가 얼마나 염려하느냐와 많은 관계가 있다고 말씀하셨다. 만일 우리가 은행 구좌, 경력, 외모와 같은 일시적인 것에 관심을 기울인다면 우리는 여러 가지로 염려할 만하다. 예를 들면, 우리가 큰 옷장을 만든다면 우리는 좀이 슬지 않을까 염려해야 할 것이다. 좀은 모직물로 만든 옷을 상하게 할 수 있다. 만일 큰 돈을 은행에 저축했다면 우리는 염려해야 할 것이다. 은행이 내일 파산할 수도 있다. 만일 우리가 집에서 안정을 찾는다면, 집에 화재가 날지도 모르므로 염려를 해야 할 것이다. 만일 우리가 보물을 우리 집 안에 둔다면, 전문적인 도둑들은 어떤 집이든지 침입할 수 있으므로 염려할 만도 하다. 땅의 것들에 중심을 두는 사람들은 누구나 염려할 이유가 있다.

한편, 우리가 영원한 것, 곧 하나님 나라와 세상에서의 그분의 역사를 중요하게 여긴다면 우리의 마음은 편안할 것이다. 우리가 하나님께 우리 자신을 맡길 때 하나님은 우리를 맡아 주신다. 그리고 하나님의 마음이 있는 곳에 우리 마음이 있다면, 그분은 우리의 필요들을 돌볼 것이라고 약속하신다.

### 네번째 이유 / 염려는 믿음 없음을 나타냄
"또 너희가 어찌 의복을 위하여 염려하느냐 들의 백합화가 어떻게 자라는가 생각하여 보라 수고도 아니하고 길쌈도 아니하느니라 그러나 내가 너희에게 말하노니 솔로몬의 모든 영광으로도 입은 것이 이 꽃 하나만 같지 못하였느니라 오늘 있다가 내일 아궁이에 던지우는 들풀도 하나님이 이렇게 입히시거든 하물며 너희일까보냐 믿음이 적은 자들아"(마 6:28-30).

예수께서 말씀하신 꽃들은 보통 들꽃들, 지금도 팔레스틴에서 자생하는 붉은 양귀비나 아네모네였다. 그 꽃들은 야생 풀과 같다. 가정 주부는 빵을 굽는 연료로 이 풀들을 모아 잘라서 말리고, 화로에 넣어 불을 붙였을 것이다. 이 풀들은 잠깐, 화로에 열을 낼 수 있을 만큼만 뜨거운 불을 피웠을 것이다. 그 다음에 주부는 재가 된 풀을 제거하고 빵 반죽들이 구워질 때까지 뜨거운 화덕 안에 반죽들을 넣어 둘 것이다. 비록 풀은 불을 피우는 것 외에는 아무 소용이 없었을지라도 하나님은 아주 멋지게, 솔로몬의 옷보다도 더 아름답게 풀을 입히셨다. 솔로몬은 스스로 옷을 입었지만 그 들꽃들은 하나님이 입혀 주셨다.

예수께서는 풀을 솔로몬의 멋진 옷에 비교하셨을 뿐만 아니라 사람들에게도 비교하셨다. 풀은 시들지만 사람들은 영원하다. 우리는 어떤 곳에서 영원히 살 것이다. 그리고 우리가 하나님께 속해 있다면, 우리는 영원할 뿐만 아니라 그분께 특별한 가치가 있는 자들이다. 그러므로 그와 같은 대조는 대단한 것이다. 만일 하나님이 시들어 버리는 꽃들을 큰 영광으로 입히신다면, 분명히 그분은 영원한 우리에게 일상에 필요한 옷을 주실 것이다.

예수께서 우리에게 믿음이 적다고 말씀하셨을 때, 그분은 염려가 우리의 믿음이 충분하지 않고 경솔하다는 것을 보여 주는 것이라고 말씀하신 것 같다. 어떤 사람들은 하나님이 자신들을 하늘로 인도하시리라고 믿기에 충분한 믿음을 가지고 있지만, 그분이 그들을 다음 24시간을 잘 지내게 하실 것이라는 믿음은 충분하지 않다. 그들은 즐거운 미래를 절대적으로 확신하지만 괴로운 현재를 두려워한다. 반면에 어떤 사람들은 아무 생각 없이 매일 일어나는 사건들에는 주의를 기울이지만 궁극적인 삶의 문제들은 망각한다.

### 다섯번째 이유 / 염려는 "하나님"을 믿지 않는 것임
염려는 우리가 이방인들과 별 차이가 없다는 것을 보여 준다. 유대인들은 이방인들을 이교도들로 생각했는데, 그들은 하나님보다 훨씬 못한 신(神)들 또는 결코 신이 아닌 것을 믿었기 때문이다. 헬라와 로마 신화의 신들은 거짓말하고 속이고 화를 내고 살인하고 실제로는 인간보다 더 못한 불완전한 신들이었다. 유대인들에게, 그런 신들은 의(義)의 하나님과 정반대되는 신들이었다.

염려함은 이방인들에게 당연한 것이었다. 왜냐하면 그들은 자신들의 신들을 신뢰할 수 없었기 때문이다. 우리의 염려는, 하나님은 신뢰할 수 없는 분이며 우리가 섬기는 하나님이 이교도들의 신들과 별로 다르지 않다고 증거하는 셈이다. 이것은 일종의 무신론이며 하나님에 대한 모욕이다.

영원한 것을 위하여 사는 사람들은 염려하지 않음으로써 이방인들과 구별되어야 한다. 우리는 하나님을 신뢰하는 사람들이며, 그것은 우리가 삶을 대하는 방법에서 다른 이들과 구별되어야 함을 의미한다.

**여섯번째 이유 / 염려는 가족의 결속 관계를 부정함**
예수께서는 하늘에 계신 우리 아버지께서 우리의 필요들을 아신다는 사실을 분명히 하셨다. 산상수훈 전체에서 나타나는 강조점은 우리가 신뢰하는 하나님은 하늘에 계신 우리 아버지로서 우리와 관계하신다는 것이다. 우리는 하나님과 그분의 가족에 속해 있는 자들이다. 그러므로 자기 자녀들을 위하는 세상의 좋은 아버지보다도 하나님은 우리를 위해 더 큰 일을 하시기 때문에, 우리는 염려하지 말아야 한다.

구약의 유대인들은 하나님에 관해 이런 식으로 생각하지 않았다. 구약성경에 나타난 인물 중에 어느 누구도 하나님을 "아버지"라고 부르지 않았다. 그들은 하늘에 계신 아버지로서의 그분께 기도하지 않았다. 그러나 다시금 예수께서는 우리 아버지는 하나님이시며 하나님은 우리 아버지시라고 말씀하셨다. 예수께서 마태복음 6장 8절에서 주기도문을 시작하셨을 때, 그분은

"구하기 전에 너희에게 있어야 할 것을 하나님 너희 아버지께서 아시느니라"고 말씀하셨다. 그런 다음 그분은 우리가 하늘에 계신 우리 "아버지"께 기도해야 한다고 말씀하셨다. 그분이 구제하고 기도하고 금식하는 방법에 관해 말씀하셨을 때, 은밀히 보시는 우리 "아버지"께서 공적으로 우리에게 상을 주실 것이라고 말씀하셨다. 그 다음에 그분은 하늘에 계신 우리 "아버지"께서 공중의 새들조차도 먹이신다고 우리에게 말씀하셨다.

하나님의 아버지되심이 산상수훈에서 계속 나타나는 강조점이다. 이것은 믿을 수 없을 정도로 의미 심장한 것이다. 이것은 우주의 중심에 궁극적인 권능 뿐만 아니라 궁극적인 사랑이 있다는 것을 의미한다. 우리는 하나님의 가족의 일원이다. 그러므로 우리는 하나님의 아들 아무개 혹은 하나님의 딸 아무개라고 불린다. 그리고 하나님은 아버지가 자기 자녀들을 돌보시는 것처럼 우리를 돌보신다. 자녀들인 우리는 우리가 필요로 하는 것을 항상 알지는 못한다. 때때로 우리는 필요한 것들과 사치품들을 혼동하지만, 하나님은 우리에게 우리가 필요로 하는 것을 공급하신다. 때때로 우리는 우리를 파괴할 수 있는 것들을 구하지만, 우리 아버지께서는 그러한 것들을 주시지 않는다. 하나님은 세상의 좋은 아버지가 자기 자녀를 위하는 것처럼 우리를 위하신다. 우리가 이것을 사실로 믿는다면 우리는 염려할 이유가 없다.

우리는 하나님 아버지의 자녀들이므로, 만일 우리가 무엇인가에 관해 염려한다면 그것은 하나님의 나라에 관한 것이어야 한다. 예수께서는 다음과 같이 말씀하심으로써 해학적(諧謔的)으로 이 점을 지적하셨다.
"내일 일을 위하여 염려하지 말라 내일 일은 내일 염려할 것이요"(마 6:34).

예수께서는 염려로 자라나는 그릇된 관심에 관하여 말씀해 오셨다. 그런데 이 말씀에서는 약간 다른 시도를 하셨다. 그분은 인간에게 염려하기 쉬운 성향이 있다는 것을 아시고, 우리는 최소한 중요한 것에 관해 염려해야 한다고 말씀하셨다. 만일 무엇인가를 걱정하려면, 우리는 큰 일, 곧 하나님 나라와 같이 하나님에 관한 일들을 염려해야 한다.

다시, 이것은 주기도문과 연결된다. 주기도문의 첫번째 부분은 하나님 아버지에 관하여 아버지께 기도하는 것, 곧 그분의 이름이 거룩히 여김을 받고 그 나라가 임하며 그분의 뜻이 이루어지도록 기도하는 것을 다루고 있다. 그 다음에 우리는 일용할 양식을 구할 수 있다. 다른 말로 하면, 우리는 먼저 그분의 나라를 구해야 한다. 하나님의 나라를 우리 삶의 목표로 삼는 일을 먼저 한 다음에야 이러한 것들을 우리가 받을 수 있을 것이다. 그 때는 우리에게 염려할 이유가 전혀 없다.

"구한다"(seek)는 말은 새를 사냥하려고 사냥꾼이 잠복하는 동작을 묘사하는 데 사용되었다. 그는 운동 삼아 사냥하는 것이 아니라 양식을 구하기 위해 사냥을 한다. 그는 새에게 정신을 집중한다. 그의 눈은 항상 새를 쫓는다. 그는 활과 화살을 준비하고 다닌다. 새들은 잠깐만 사정 거리 안에 들어올 것이므로 그는 계속해서 경계해야 한다.

새 사냥꾼이 관심을 새에 집중하는 것처럼, 우리는 하나님 나라에 우리의 관심을 집중해야 한다. 그럴 때 하나님의 나라와 그분의 의(義)와 더불어 우리가 필요로 하는 모든 것이 우리에게 주어질 것이다. 그러면 우리는 또다시 하나님 나라에 관심을 기울이게 되고, 이렇게 해서 하나의 과정이 계속 반복된다.

예수께서는 지금까지 "의"(義)에 대해 말씀해 오셨다. 그분은 "너희 의가 서기관과 바리새인보다 더 낫지 못하면 결단코 천국에 들어가지 못하리라"(5:20)고 말씀하셨다. 그 다음에 그분은 우리가 구해야 할 의는 규례와 의식(儀式)을 지키는 것과 아무 상관이 없다고 말씀하셨다. 그것은 관계들과 상관이 있다. 그것은 우리와 하나님과의 관계와 상관 있는데, 이 관계는 외적인 행동이 아니라 순수한 동기, 종교적인 행위가 아니라 옳은 자세와 박자를 맞춘다.

이 의는 우리가 행하는 종교적인 행위, 곧 구제와 기도와 금식에서 나타난다. 우리는 칭찬을 받으려고 그렇게 하지 않는다. 우리는 하나님과 그분의 나라를 위해 그렇게 한다. 그분의 나라를 구하는 것은 이 세상에서 그분의 역사(役事)를 구하는 것이다. 그분의 의를 구하는 것은 그분을 기쁘시게 하는 삶을 사는 것이며, 그러한 삶은 의에 관한 또다른 진리로 인도한다. 그것은 다른 사람들과 우리의 관계에 상관이 있다. 의로운 삶은 다른 사람들의 최선을 추구한다. 적을 대하든지 친구를 대하든지 간에 우리는 그들의 최선을 추구한다. 왜냐하면 그것이 바로 하나님이 하시는 일이기 때문이다. 사업이나 가족의 일에서 우리는 다른 사람들에게 가장 좋은 것을 구해야 한다. 우리가 다른 사람들의 최선을 구할 때, 하나님은 우리에게 가장 좋은 것을 주신다.

그러므로 우리는 선택해야 한다. 우리는 계속해서 우리 자신의 필요들에 대해 염려할 것인가? 아니면 하나님과 그분의 나라에 유념하고 우리가 필요로 하는 것을 우리에게 공급해 주시는 하나님을 신뢰하기로 결정할 것인가? **땅을 선택하면 모든 것을 잃을 것이고, 하늘을 선택한다면 모든 것을 얻을 것이다. 우리가 오직 땅의 것들을 위해 산다면 우리는 하늘의 것들을 잃을 것이고, 우리가 하늘의 것들을 위해 산다면 우리는 땅을 몽땅 얻을 것이다.**

**일곱번째 이유 / 염려는 비실용적임**

염려는 불필요한 것이며 의미 없는 것이며 아무 소용 없는 것이며 믿음이 없다는 것이며 하나님을 믿지 않는 것이며 효과가 없는 것이다. 그리고 마지막으로 그것은 비실용적이다.
"한 날 괴로움은 그날에 족하니라"(34절).
행하기에 몹시 어려운 일 중의 하나가 한 번에 한 날을 사는 것이다. 사람들은 망친 어제나 설익은 내일을 그들의 스프 안에 섞음으로써 그들의 오늘을 모두 망치고 있다. 어떤 사람들은 어제의 사소한 일과 원한과 죄의식을 가지고 산다. 나쁜 일이 일어난다면 그들은 그 일을 잊지 못한다. 어떤 사람들은 내일의 위협과 죄악과 슬픔을 가지고 산다. 두려운 일이 일어날지도 모르며, 그들은 그 일을 무시하지 못한다. 헬뭇 틸리케는 이것을 "우리 자신의 것이 아닌 시간 속에서의 방황"이라고 불렀다.

만일 우리가 한 번에 한 날을 살지 않는다면 우리는 삶 전체를 망칠 것이라고 예수께서 말씀하셨다. 하나님은 인생을 "날"이라는 작은 조각들로 나누셨는데, 한 번에 한 조각 이상을 씹어 먹으려고 애쓴다면 우리는 목이 막혀 질식할 것이다.

설령 사람들이 특별한 한 날에 일어나는 일로 파멸되는 일이 있다고 해도 그것은 아주 드문 일이다. 사실 우리를 파멸시키는 것은 내일 일어날지도 모를 일에 대해 염려하는 것이다.
샘에서 물을 긷는 농부가 만일 샘이 마른다면 어떤 일이 일어날까 하고 궁금하게 여기기 시작했다. 얼마 후 그의 궁금증은 염려로 변했다. 곧 그는 다음날 물이 하나도 없을지도 모른다는 염려 때문에 자신이 가진 물을 마음껏 사용할 수 없었다.

하나님은 그런 종류의 염려를 통제하실 수 없다. 다시 말해서, 하나님은 우리가 미래에 이르기 전에 미래의 일을 가지고 우리를 도우실 수 없다. 그리고 우리가 미래에 이를 때, 그것은 더 이상 내일이 아니라 오늘이다. 그리고 하나님은 우리의 오늘을 돌보시겠다고 약속하셨다. 그분은 우리에게 한 주일 동안 또는 한 달 동안이 아니라 매일매일의 양식을 위해 기도하라고 말씀하셨다. 만일 하나님이 한 날 동안의 우리의 필요를 공급해 주실 수 있다면, 그분은 매일매일 그리고 매주 공급해 주실 수 있다.

그리고 현실은, 우리가 예상하는 위기들이 대부분은 절대로 일어나지 않는다는 것이다.

달라스에 있는 내 친구 월리 몰간(Wally Morgan)은 "염려하는 것은 아무 소용이 없다고 내게 말하지 말라. 내가 진정으로 어떤 일을 염려할 때, 그 일은 일어나지 않는다!"라고 되풀이하여 말하기를 좋아한다.

이안 맥라렌(Ian McLarin)은 다음과 같은 질문을 던졌다. "당신의 걱정이 무엇을 해 주는가? 그것은 내일의 슬픔을 비우는 것이 아니라 오늘의 힘을 비운다. 그것은 당신이 나쁜 일을 피하도록 하는 것이 아니라 나쁜 일이 닥칠 때 그것에 잘 대처하지 못하게 한다."

예수께서는 내일의 염려가 오늘에 영향을 끼치지 않게 하라고 말씀하고 계신다. 내일 일을 염려하는 것은 단지 오늘의 힘을 빼앗을 뿐이다. 우리는 하나님이 다음 12시간이나 다음 24시간 동안 우리의 필요를 공급해 주실 것이라고 믿을 수 있는가? 하나님은 오늘의 우리에게 자신을 쏟아 부으신다. 우리가 오늘이라는 덩어리 하나를 물어뜯을 때마다 하나님은 우리의 필요들을 충족시켜 주기 위해 전념하신다. 우리는 오늘의 필요를 하나님께서 채워 주시리라는 것만 생각하면 된다. 어떤 위기도 결코 미래에 일어나지는 않는다.

아브라함 링컨은 취임사를 하러 가는 도중에 뉴욕 시에 들러 호레이스 그릴리(Horace Greeley)와 이야기를 나누었다. 그릴리는 링컨에게 모든 사람들이 마음에 두었던 질문을 했다.
"미국은 내전(內戰)으로 치달을 것인가?"

링컨은 일리노이 주 출신의 변호사들에 관한 일화로 그릴리의 질문에 대답했다. 그들은 소송 사건들을 의논하기 위해 이 마을에서 저 마을로 판사를 따라다녔다. 그들은 여행할 때 홍수로 범람하는 강들을 포함하여 수많은 강들을 건너야 했다. 그들은 특히 폭스 강을 염려했다. 어느 날 밤 머문 작은 마을에서 그들은 한 순회 설교자를 만났다. 그는 폭스 강을 수차례 건넌 적이 있었으므로, 그들은 그에게 그 강에 관해 물었다. 그는 이렇게 대답했다.
"내게는 폭스 강을 건너는 데에 도움이 되는 규칙이 하나 있습니다. 그것은 폭스 강에 도착하기 전에는 그 강을 건너지 않는 것입니다."

## 제7장
## 관용의 수준

"비판을 받지 아니하려거든 비판하지 말라 너희의 비판하는 그 비판으로 너희가 비판을 받을 것이요 너희의 헤아리는 그 헤아림으로 너희가 헤아림을 받을 것이니라 어찌하여 형제의 눈 속에 있는 티는 보고 네 눈 속에 있는 들보는 깨닫지 못하느냐 보라 네 눈 속에 들보가 있는데 어찌하여 형제에게 말하기를 나로 네 눈 속에 있는 티를 빼게 하라 하겠느냐 외식하는 자여 먼저 네 눈 속에서 들보를 빼어라 그 후에야 밝히 보고 형제의 눈 속에서 티를 빼리라"(마 7:1~5).

"**당**신은 그리스도인일 수 없습니다"라고 덴버 신학교 교수인 고든 루이스(Gordon Lewis) 박사에게 전화를 건 여성이 말했다. 그 여인은 계속해서 "예수께서는 '비판을 받지 아니하려거든 비판하지 말라'고 말씀하셨어요"라고 말했다.
"그런데 당신은 어느 종파나 어떤 개인이 진정한 그리스도인인지 아닌지를 판단하고 있어요."

이단 종파 연구를 전문으로 하는 루이스 박사는 「뉴 에이지 운동」(the New Age Movement)을 논의하기 위해 덴버에서 열린 TV 대담회에 참석한 적이 있었다. 그 프로그램이 진행되는 동안 시청자들은 전화를 걸어서 여러 가지 질문을 할 수 있었다. 전화를 건 많은 시청자들이 특정 종파들에 관하여 질문을 했고, 그들이 그리스도인들인지 아닌지를 알고 싶어했다. 온화하고 정중한 자세로 루이스 박사는 그들의 질문에 답변을 해 주고 있었다.
그런데 한 여성이 전화를 걸어 위와 같이 루이스 박사를 난처한 입장에 빠지게 했다. 그는 마태복음 7장을 장시간 논의하지 않고는 자신을 변호할 수 없었는데, 대담회는 그런 논의를 할 시간적 여유가 없었다. 분명히 그 여인은 마태복음 7장 후반부에서 예수께서 자기 청중들에게 거짓 선지자들을 주의하라고 경고하셨다는 사실을 알지 못했다. 그분은 이렇게 말씀하셨다.
"거짓 선지자들을 삼가라 양의 옷을 입고 너희에게 나아오나 속에는 노략질하는 이리라"(15절).
내가 알기로 거짓 선지자들을 주의하는 방법은 선지자들과 그들의 메시지를 판단하는 방법밖에 없다.

몇 해 전, 캘리포니아 남부에서 목회를 하는 한 친구가 자기 교회의 재정 담당자가 불륜의 관계를 맺고 있다는 말을 들었다. 그는 그 소문의 사실 여부를 그 사람에게 물었다. 그 사람은 그 사실을 인정했고, 그러한 관계가 자기 인생에 매우 긍정적인 보탬이 되었다고 느끼므로 회개할 의향이 없다고 덧붙여 말했다. 나중에 그 목사와 그 교회의 존경받고 신실한 장로가 다시 그 재정 담당자를 만났다. 그들은 그의 죄와 그 죄가 끼칠 해악을 지적했다. 그 사람은 여전히 자신의 행동을 바꾸려 하지 않았다. 그들은 그 문제를 당회에 붙였고, 그들은 그 남자에게 당회에 출두해 달라고 요구했다. 그는 그렇게 했다. 그러나 그는 오만하고 반항적인 태도로, 인생에서 처음으로 참된 사랑이 무엇인지 알게 되었으며 그 관계를 청산할 마음이 없다고 말했다. 그리하여 그 교회는 어쩔 수 없이 그를 출교시켰다. 그 남자는 출교를 쉽게 받아들이지 않았다. 당회 내내 그는 목사와 회중이 자신을 비판했으므로 그들은 비기독교적이라고 말하였다. 그는 그들이 비판할 권리가 없다고 주장했다. 왜냐하면 예수께서 "비판받지 아니하려거든 비판하지 말라"고 말씀하셨기 때문이라는 것이었다.

나는 성경에서 "비판받지 아니하려거든 비판하지 말라"는 말씀만큼 친숙하면서도 잘못 이해되고 잘못 적용되는 말씀은 없을 것이라고 생각한다.

산상수훈을 사회에 적용하려고 했던 레오 톨스토이(Leo Tolstoy)는 마태복음 7장 1절이 법정을 없애 버리기 위한 기초라고 나름대로 결정했다. 그의 해석에 따르면, 판사와 배심원들이 법적인 문제에서 누가 잘못을 했는지를 판단할 때 그들은 예수님께 직접적으로 불순종하는 행위를 하는 것이다.

### 비판의 의미

여기서 문제가 되고 있는 것 중 하나는 "비판한다"(judge)는 말이 무엇을 의미하는지 결정하는 것이다. 헬라어와 영어에서 이 단어는 여러 가지 의미를 가진다. 때로는 단순한 평가를 의미하고 때로는 책망과 정죄를 의미한다.

예수께서는 빵 굽기 대회나 재주 겨루기에서 심판을 보는 것이 그릇된 것이라고 말씀하시는가? 대학을 가고 싶어하는 학생을 위해 추천서를 써 주는 것이 비기독교적인가? 입사 시험에 응시한 사람을 평가하는 것이 죄인가? 고용주들이 종업원들의 근무를 평가하는 것이 잘못인가?

이러한 질문들에 대답하는 유일한 방법은 예수께서 어떤 의미로 "비판한다"는 말을 사용하셨는지 결정하는 것이다. 그리고 그 의미는 전후 문맥에서만 찾을 수 있다. 그 문맥을 이해하기 위하여 우리는 예수께서 산상수훈에서 무엇을 설교하고 계셨는지를 살펴볼 필요가 있다.

산상수훈은 마태복음 5장에서 팔복, 곧 그리스도의 나라의 시민이 가져야 할 태도들로 시작되었다. 예수께서는 율법과 규례를 잘 지키는 바리새인들과는 대조적으로 내적인 의(義)에 관심을 두는 사람들이 복 있는 자들이라고 말씀하신다.

예수님께 속한 사람들의 특징이 되는 의(義)는 외형적인 것들과는 아무 상관이 없다. 그것은 사람들과의 관계에서 드러나는 하나님과의 내적인 관계이다. 그것은 행동이 아니라 먼저 마음을 변화시킨다.

예를 들면, 5장 21절에서 예수께서는 만일 우리가 진정으로 의롭다 함에 관심이 있다면 우리는 살인에 한계를 둘 것이 아니라 분노에 한계를 둘 것이라고 말씀하셨다. 우리는 내적으로 살인에 상응하는 것은 분노임을 인식하며, 그리스도의 제자들로서 우리는 분노를 처리한다.

간음의 경우에도 마찬가지이다. 27절에서 그분은 우리가 단지 간음의 행위를 하지 않았다고 해서 만족해서는 안 된다고 말씀하셨다. 음욕(淫慾)은 내적으로 간음에 상응하는 것이다. 만일 예수님의 말씀을 진지하게 받아들인다면, 우리는 간음에 대해 관심을 가지는 만큼 음욕에 대해서도 관심을 가질 것이다.

맹세는 동기와 행동간에 있을 수 있는 갈등을 보여 주는 또다른 예이다. 1세기 사람들은 중요한 맹세와 그렇지 않은 맹세를 했다. 그들은, 어떤 일을 약속하고 난 다음에 손가락을 교차시켰기 때문에 조금 전의 약속은 중요하지 않다고 말하는 어린아이들과 같았다. 예수께서는 우리가 그와 같은 일을 해서는 안 된다고 말씀하셨다. 우리는 계약서를 쓸 때, 계약 내용의 문자적 의미나 그 정신을 지키지 않고 빠져나갈 구멍을 만들기 위해 낱말 하나하나와 마침표에 주의를 집중해서는 안 된다. 우리의 최대 관심사는 정직과 성실이어야 한다. 우리가 "예"라고 말할 때 그것은 "예"를 의미한다. 우리가 "아니오"라고 말할 때 그것은 "아님"을 의미한다.

마태복음 5장 38절에서 예수께서는 복수에 관하여 말씀하셨다. 우리는 사람들에게 보복하려고 하지 말고 관대하게 대해야 한다. 우리는 "우리가 지난 밤에 그들을 초대했으니 이제는 그들이 우리를 초대할 차례이다" 또는 "내가 지난번에 계산을 했으니 이번에는 그녀의 차례이다"라고 말하지 말아야 한다. 오히려 우리는 관대한 마음을 가져야 한다. 만일 어떤 사람이 부탁을 한다면, 우리는 그가 원하는 것보다 더 많은 것으로 그의 부탁을 들어 주어야 한다.

마지막으로 예수께서는 우리가 다른 이를 사랑하는 사람들이 되어야 한다고 말씀하셨다. 우리가 대하는 사람들이 누구이든지 간에, 우리는 그 사람에게 가장 유익이 될 만한 것을 구하여야 한다.

이 모든 말씀의 요점은 우리가 내적인 의(義)를 가져야 한다는 것이다. 그리스도께서는 우리에게 율법과 규례를 지키는 데서 생기는 의가 아니라 동기에서의 의(a righteousness of motive)에 착념하라고 하신다.

6장에서 예수께서는 율법과 관련된 의의 원리에서 관심을 돌리셔서 종교와 관련된 의의 실천을 다루셨다. 그분은 경건한 사람들의 세 가지 행위를 선정하셨다. 그들은 구제하고 기도하고 금식한다.

우리는 다른 사람의 주목을 끌고 우리를 좋게 생각하도록 하려는 목적으로 그런 행위들을 해서는 안 된다. 만일 우리가 그렇게 한다면, 우리가 얻을 상급은 그것뿐이다. 하나님께 상을 받으려면 우리는 하나님만이 아시도록 조용히 그런 일들을 해야 한다.

6장 19절을 시작하면서 예수께서는 주기도문을 상세히 설명하셨다. 그분은 하지 말라는 여러 가지 소극적인 명령의 말씀을 하셨다.
"너희를 위하여 보물을 땅에 쌓아 두지 말라"(19절).
"목숨을 위하여 염려하지 말라"(25절).
그리고 이제 "비판을 받지 아니하려거든 비판하지 말라"(7:1)고 말씀하신 것이다.

마태복음 7장 1절은 주기도문의 다섯번째 간구 "우리가 우리에게 죄지은 자를 사하여 준 것같이 우리 죄를 사하여 주옵소서"를 상세히 설명하신 말씀이다. 그리고 6장 14절의 주석은, 다른 사람들이 우리에게 죄를 지을 때 우리가 그들을 용서하면 하늘에 계신 우리 아버지께서도 우리의 죄를 용서하실 것이라고 기록하고 있다.

그러므로 예수께서 비판한다는 말씀으로 의미하신 바는 용서한다는 것과 반대되는 뜻이다. **비판한다는 것은 사람들을 용서하기보다는 오히려 정죄하는 것을 의미한다. 비판을 받지 아니하려거든 비판하지 말라고 말씀하셨을 때, 예수께서는 다른 사람들을 향하여 정죄하는 마음이나 혹독한 비난의 마음을 품지 말아야 한다고 말씀하신 것이다. 또한 다른 사람을 경시하는 마음도 품지 말아야 한다.** 그러한 종류의 비판은 흔히 현대인들의 특징이며, 스스로를 의롭게 여기는 데서 나온다.

우리가 사람들을 혹평하는 이유, 다른 사람들의 잘못을 지적하는 것을 주된 취미로 삼는 이유는 다른 사람들을 끌어내림으로써 우리 자신을 높일 수 있다고 생각하기 때문이다. 우리가 다른 사람의 병약함을 지적하면 우리의 건강함이 돋보일 것이라고 생각한다. 우리가 다른 사람의 실패를 지적하면 우리의 성공이 드러난다고 생각한다. 정죄하고 비판하는 혹독하고 신랄한 비평은 다른 사람들의 결점과 흠을 기뻐함으로써 의롭다는 명성을 얻으려고 하는 독선적인 사람들의 특징이다. 그러나 우리가 일단 우리 자신의 삶의 빈곤함과 죄 많음을 깨닫는다면 그리고 우리 자신의 절실한 필요를 깨닫고 하나님의 의에 굶주리고 목마르게 되어 하나님의 은혜에 담대히 우리 자신을 맡긴다면, 우리는 더 이상 정죄하거나 비판하지 않을 것이다.

**그러므로 예수께서 "비판을 받지 아니하려거든 비판하지 말라"고 말씀하셨을 때, 그분은 비평적이고 비판적이고 비난하는 정신을 표명하는 사람은 하나님을 전혀 알지 못하는 사람이라는 의미로 말씀하신 것이다.** 그는 여전히 하나님의 심판 아래 서 있다. 용서를 받은 사람은 용서하는 사람이다.

## 비판의 자세—공의와 자비

여기에서 두 가지 사항이 중요하다. 우선 비판의 자세, 곧 우리가 사용하는 비판의 기준을 고찰해야 한다. 우리가 다른 사람들을 비판하는 것과 같은 방법으로 우리는 비판을 받을 것이다. 다른 사람들을 비판할 때 우리의 태도는 어떠한가? 용서하는 자세인가 아니면 비난하는 자세인가? 상대방에 대한 염려와 그를 회복시키려는 소망을 나타내는 태도인가? 아니면 우리 자신을 높일 발판으로 그의 실패를 이용하고자 하는 자세인가?

만일 우리가 사람들을 끌어내리는 자세로 비판을 한다면, 하나님은 우리를 끌어내리실 것이다. 만일 우리가 다른 사람들을 돕는 자세로 비판한다면, 하나님은 우리를 도우실 것이다. 우리가 사용하는 기준이 우리에게 적용될 것이다.

랍비들은 하나님이 두 가지 기준, 곧 자비의 기준과 공의의 기준을 사용하신다고 말한다. 이것은 1세기에 자주 쓰이는 말이었으며, 나는 그것이 예수께서 의미하신 바라고 생각한다. 우리는 자비로운 혹은 공의로운 태도로 상대를 비판할 수 있다. 만일 우리가 다른 사람들에게 공의를 원한다면, 우리는 우리 자신에게도 공의를 적용할 것이다. 만일 우리가 다른 사람들에게 자비를 원한다면, 우리는 우리 자신에게도 자비를 적용할 것이다.

우리는 비판할 때 보통, 우리가 원하는 것은 공의라고 말한다. 그러나 우리가 어떤 사람을 비판할 때 또 우리가 우리에게 잘못한 사람을 용서하지 않을 때, 우리는 우리 자신을 하나님의 위치에 두는 것이다. 우리에게는 그런 약점이 없다는 듯이 그리고 우리는 그런 실패를 하지 않는다는 듯이 말한다. 즉, 우리는 완전한 위치를 차지하고 있다고 넌즈시 비춘다.

그러나 우리 중 어느 누구도 감히 다른 사람에 대해 그런 종류의 비판을 할 수 없다. 우리의 비판이 아무리 훌륭하다 해도, 그것은 불완전한 비판일 뿐이다. 우리는 어떤 사람이 살아 온 생(生)의 전반적인 이야기를 알지 못한다.

어떤 사람이 유혹을 이기지 못하고 죄에 빠질 때, 우리는 그가 죄에 빠지기 전에 얼마나 많은 유혹에 저항했는지를 알지 못하며 알 수 없다. 사실, 그를 비평하지 않고 그의 전반적인 형편을 이해한다면 우리는 그의 용기에 찬사를 보낼 것이다. 우리의 모든 비판은 치우친 것일 뿐만 아니라 잘못되기 쉬운 것이다. 우리가 앞뒤 사정을 알 때조차도 우리의 평결이 항상 옳은 것은 아니다. 그것이 바로 배심원들이 결정을 망설이는 이유이다. 똑같은 변호사들이 제시한 똑같은 사실을 보고 열두 명의 정직하고 신실한 사람들 중에 어떤 사람은 유죄라고 생각하고 어떤 사람은 무죄라고 주장한다. 결정을 망설이는 배심원단은 인간의 판단이 잘못될 수 있다는 것을 계속해서 상기시켜 주는 것으로 여겨진다.

우리는 비판하거나 공의를 요구할 기초가 없다. 그러나 우리는 그렇게 한다. 그리고 만일 이러한 자세가 우리의 삶을 지배한다면, 우리는 위험 천만한 근거 위에 서 있는 것이다.

어떤 사람이 간음을 했을 때 우리는 그가 죄를 지었다는 것을 안다. 성경은 무절제한 성생활을 금하고 있다. 그러나 우리의 자세는 어떠한가? 우리가 하는 비판의 기준은 무엇인가? 우리의 비판은 사실상 정죄가 아닌가? 우리는 그 죄인이 처벌을 받아야 한다고 주장하는가? 만일 그렇다면 우리는 그 기준을 우리 자신에게도 적용하는가? 아마도 우리는 그런 행위를 하지는 않겠지만 아직까지는 그런 기회가 없었는지도 모른다. 아마도 우리는 경기에 임할 기회가 없었으므로 유니폼을 깨끗하게 유지했을지도 모른다. 우리의 상상, 우리가 읽는 책, 우리의 생각은 어떠한가? 만일 우리에게 그런 기회가 있었다면 우리는 어떻게 했겠는가? 만일 우리가 다른 사람에게 공의를 요구한다면, 우리 자신에게도 엄격한 공의를 적용해야 할 것이다. 그렇다면 우리는 그런 적용을 하는가?

만일 우리와 함께 일하는 사람이 거짓말장이라면 우리는 어떻게 반응해야 하는가? 거짓말하는 것은 문제가 되지 않는다고 단순하게 말할 수는 없다. 그것은 문제가 된다. 그러나 우리는 자비로 응답하는가 아니면 공의로 응하는가? 만일 우리가 그의 거짓말을 염려한다면, 우리는 우리 자신의 거짓에 대해서도 이와 똑같이 염려하는가? 우리는 우리 자신을 훌륭하게 보이기 위하여 이야기를 꾸며대지는 않는가? 우리는 우리의 경우를 정당화하려고 사실을 약간 바꾸어 말하지는 않는가? 우리는 소득세를 속이거나 지출 내역을 바꾸지는 않는가? 만일 우리가 함께 일하는 사람에게 공의를 요구한다면, 우리는 우리 자신에게도 공의를 기대해야 한다.

다른 사람들과 그들의 죄에 대한 우리의 자세는, 우리 자신에 대한 우리의 자세와 우리가 하나님 앞에 서는 것에 관해 많은 것을 말해 준다. 용서받은 사람은 용서하는 사람이다.
솔직히 말해서 나는 하나님 앞에 설 때 공의를 원하지 않고 자비를 원한다. 그러나 자비를 베푸는 사람들만이 자비를 받을 것이다. 자비는 하나님의 가족의 특성이다.

예수께서는 비판하는 행위의 부조리를 우리에게 보여 주신 후 우리가 얼마나 위선자들인지를 나타내셨다.
"어찌하여 형제의 눈 속에 있는 티는 보고 네 눈 속에 있는 들보는 깨닫지 못하느냐 보라 네 눈 속에 들보가 있는데 어찌하여 형제에게 말하기를 나로 네 눈 속에 있는 티를 빼게 하라 하겠느냐"(3, 4절).

예수께서는 눈 속에 작은 티가 들어 있는 사람을 묘사하셨는데, 물론 티는 눈에 상처를 주고 쓰리게 할 수 있다. 그 다음에는 그 티를 빼내려는 안과 의사가 등장하지만 그의 눈에는 큰 들보가 들어 있다. 이것은 하나의 부조리이다. 이것은 일련의 코메디처럼 들린다. 그러나 삶 자체에서 그것은 현실로 다가온다.

선지자 나단이 다윗 왕에게 양 도둑에 관한, 가상의 이야기지만 그를 빗대어 하는 이야기를 했을 때 다윗은 격노했다. 왕은 양을 도둑질하는 것에 대해 양심의 민감한 반응을 보였지만, 남의 아내를 훔친 것에 관해서는 아무런 거리낌이 없었다. 그는 자신의 눈 속에 들보가 들어 있으면서 다른 사람의 눈에서 티를 빼려고 했다. 이러한 일은 어느 시대에나 일어난다.

회사에서 수백만 원을 횡령한 죄가 있는 사업가는, 어린 새끼 곰이 작은 현금 상자로 다가갈 때 새끼를 제지하는 어미 곰과 유사하다. 날마다 모든 사원들은 그들에게 들어온 돈을 하나하나 세어 보아야 했다. 그는 소액의 현금이 조금씩 들어오는 것을 감시하면서 한편으로는 회사의 은행 구좌를 열어 놓고 많은 돈을 챙기고 있었다. 그는 다른 사람들의 책임에 대해서는 철저했으나 자기 자신의 책임에 대해서는 그렇지 못했다.

얼마 전 메인 주의 한 설교자는 자기 교회 여성도와 불륜의 관계를 가졌다. 그는 호색 문학을 반대하는 운동을 해 왔으므로, 그의 불륜 소식은 뉴스로 방송되었다. 그는 호색 문학에 반대하는 설교를 했으며 지역 사회에서 호색 문학을 추방하기 위한 운동을 주도했다. 그는 잡지들에 실린 음란한 사진들을 몹시 싫어했지만 자신의 삶에 있는 성적인 부도덕함은 보지 못했음이 분명하다. 그 사람은 거리의 세븐일레븐(the Seven—Eleven:미국의 연쇄 소매점으로, 외설 잡지 등을 전시 판매한다—역자 주)의 티끌을 맹공격했지만 자기 얼굴에 있는 전봇대 만큼이나 큰 잘못을 보지 못했다.

예수께서는 다른 사람들의 삶 속에 있는 죄가 중요하지 않다고 주장하지는 않으셨다. 그분은 단지 우리 자신의 들보에는 주의하지 않고서 다른 사람들의 티에 관심을 두는 부조리를 지적하셨을 뿐이다.

그러면 우리는 어떻게 해야 하는가? 예수께서는 이렇게 말씀하셨다.
"외식하는 자여 먼저 네 눈 속에서 들보를 빼어라 그 후에야 밝히 보고 형제의 눈 속에서 티를 빼리라"(7:5).
외식하는 자란 말은 영어의 "배우"라는 말에 가깝다. 자신의 들보를 보지 못한 채 다른 사람의 티를 빼려 하는 비판은 의(義)에 대한 관심이 있는 체하는 것이기 때문에, 예수께서는 그것을 외식이라고 하셨다. 외식하는 자들은 다른 사람들의 죄를 드러나게 할 때 의로움을 느낀다. 그들에게 기독교의 본질은 죄에 대한 관심, 곧 자기 자신의 죄가 아니라 자기 외에 다른 사람들의 죄에 대한 관심이다. **만일 우리가 진정으로 죄에 관심이 있고 또 그래야 한다면, 우리는 무엇보다도 먼저 우리 자신의 죄에 관심을 가져야 할 것이다. 만일 우리가 진정으로 의(義)에 관심이 있다면, 우리는 우리 자신의 의에 관심을 가질 것이다. 우리 자신의 죄가 아니라 다른 사람의 죄에 관심을 갖는 것은 경건을 가장하는 소행이다.** 우리는 청중을 감동시키기 위해 계획된 역할을 맡지만 우리 자신의 경험의 진실성에 관해서는 별로 관심이 없다.

우리 자신의 눈에서 들보를 빼낸 후에는 두 가지 유익을 얻을 수 있다. 첫째, 우리는 다른 사람의 삶 속에 있는 죄를 분명히 볼 수 있다. 둘째, 우리는 그 사람이 그 죄를 처리하는 것을 돕는 위치에 서게 된다.

만일 우리가 우리 자신의 삶을 얽매고 있는 죄를 진지하게 받아들이고 그와 같은 통찰력으로 하나님 앞에서 심령이 가난한 상태로 서게 된다면, 그것은 우리가 죄를 보는 방법과 죄를 처리하는 방법에 영향을 줄 것이다.

**우리가 하나님으로 우리의 삶 속에 있는 죄를 다루시게 할 때, 그것은 우리가 사람들을 대하는 방법을 변화시킨다. 우리가 씨름해 온 것에 비추어서 그들의 죄를 볼 때, 우리는 은혜와 관심을 가지고 그들에게 접근할 것이다. 우리는 죄의 고통과 하나님의 용서하심에서 얻는 평안함을 알기 때문에 다른 사람들을 회개하라고 권면할 수 있다.** 오스왈드 샌더스(Oswald Sanders)는 예수께서 의미하신 바를 이해했다.
"하나님이 나에게 행하신 것처럼, 그분은 당신에게도 쉽게 그렇게 하실 수 있다. 당신은 눈 속에 티가 들어 있었지만, 내 눈 속에는 들보가 들어 있었다."

은혜의 정신은, 바울이 "사람이 만일 무슨 범죄한 일이 드러나거든 신령한 너희는 온유한 심령으로 그러한 자를 바로잡으라"(갈 6:1)고 말했을 때의 바로 그 정신이다. 온유함은 어디에서 오는가? 우리 자신이 절대적으로 긍휼을 필요로 하는 자임을 깨닫고 우리 자신의 삶 속에서 하나님이 어떻게 행하셨는지 인식할 때, 온유한 심령을 가질 수 있다. 하나님이 우리를 어떻게 대하시는가를 알 때, 우리는 다른 사람들을 온유하게 도울 수 있다. 우리는 정죄하는 심판자가 아니라 바로잡는 형제 자매로서 그들에게 다가간다.

당신의 눈 속에 있는 들보를 보려면 당신이 다른 사람들을 비판하는지를 보면 된다. 당신은 자주 비판을 하는가? 왜 비판을 하는가? 어떻게 비판하는가? 만일 당신이 정죄의 의미로 비판을 한다면, 당신은 자신을 하나님의 위치에 놓고 있는 셈이다. 그리고 그것은 당신이 하나님으로부터 최대한 멀리 떨어져 있음을 나타낸다. 당신은 하나님의 긍휼을 알지 못하므로 그것을 다른 사람들에게 베풀기를 거절한다.

아가사 크리스티(Agatha Christie)의 『목사관에서의 살인』(*Murder at the Vicarage*)에서 치안 판사 콜로넬 프로테로우(Colonel Protheroe)는 범법자들에 대해 참을 수가 없었다. 사실 그는 그들이 예외 없이 모두 똑같이 처벌을 받아야 한다고 생각했다. 그는 교구 목사에게 이렇게 말했다.
"엄격함, 그것이 바로 오늘날 필요한 것입니다. 엄격함 말입니다! 본을 보이십시오. 만일 당신이 법을 어긴 사람을 체포한다면 법에 따라 그를 처벌하지 않겠습니까? 내 말에 동의하시겠지요."
이 교구 목사는 이렇게 말했다.
『당신은 내 소명이 다른 무엇보다도 자비를 존중하도록 되어 있다는 것을 잊고 계시군요. 제가 해야 했던 유일한 청원이 공의의 청원이라면 저는 사양할 것입니다. 왜냐하면 그것은 오직 그 공의가 나를 판단하리라는 의미가 될 수 있기 때문입니다.』

# 제8장

# 집요한 유혹에서 승리하는 비결

"거룩한 것을 개에게 주지 말며 너희 진주를 돼지 앞에 던지지 말라 저희가 그것을 발로 밟고 돌이켜 너희를 찢어 상할까 염려하라"(마 7:6).

**17**00년대 「런던 선교회」(the London Missionary Society) 소속 선교사들은 남태평양에서 많은 장애와 유혹을 만났다. 통가(Tonga) 섬에서 그들이 직면한 대부분의 문제들은 다른 유럽인들이 일으킨 것이었는데, 그들 유럽인들은 선교사들을 자신들의 자유 분방한 생활 방식을 위협하는 존재로 여겼다. 그들이 선교사들의 활동을 방해하기 위해 세운 전략 중의 하나는 선교사들의 성적(性的) 순결을 비웃고 조롱하는 것이었다. 열 명의 통가 섬 선교사들 중의 한 사람이었던 조지 비슨(George Veeson)은 그런 압력을 참을 수 없었다. 그는 선교 활동을 포기하고, 원주민들 사이에서 유럽인들의 난잡한 생활에 합세하였다. 그는 땅을 소유하고, 하인들과 여러 명의 아내를 거느렸다. 그러나 그는 그 이상의 행동을 했다. 그는 자신과 런던 선교회와 하나님을 불명예스럽게 한 것이다.

수세기 동안, 헌신된 많은 그리스도인들이 일시적인 인간적 쾌락에 대한 잠깐 동안의 열정에 눈이 멀어 장기간 치러야 할 희생을 보지 못함으로써 하나님께 등을 돌리는 결과를 낳았다.

예수께서는 다음과 같이 말씀하심으로써 피할 수 없는 유혹에 굴복하지 말라고 우리에게 경고하셨다.
"거룩한 것을 개에게 주지 말며 너희 진주를 돼지 앞에 던지지 말라"(마 7:6).
다른 말로 하면, 우리는 세상에 우리 삶을 던져서 모욕과 경멸을 자초하지 말아야 한다.

많은 주석가들은 이 구절을 풀이하려고 애써 왔으며 심한 격론을 벌여 왔다. 그들은 이 구절이 의미하는 바를 확실하게 설명하지 못했다. 예수께서는 비판하지 말라는 것에 관해 말씀하고 계셨다. 그리고 잠시 후 예수께서는 구하고 찾고 두드리는 것에 관하여 말씀하셨다. 그러나 개와 돼지에 대한 경고의 말씀이 그 사이에 끼어 있다. 그분은 어떤 의미로 말씀하신 것인가?

## 본문의 배경

은유 자체는 이해하기 어렵지 않다. 개와 돼지는 천히 여김을 받는 동물들이었다. 우리가 성경에서 읽는 개는 머리를 쓰다듬어 달라고 무릎으로 뛰어오르는 귀여운 동물과는 달랐다. 성경에서 말하는 개는 애완 동물이라기보다는 야생 동물을 더 닮은, 먹을 것을 찾아 돌아다니는 동물이었다.

예수께서 "거룩한 것을 개에게 주지 말라"는 수수께끼 같은 말씀을 하셨을 때, 그분은 예루살렘 성전에서 하나님께 바치는 고기를 가리키셨다. 우리가 오늘날 알고 있는 성전들은 1세기의 성전과는 매우 다르다. 성전의 모습을 제대로 그려 보려면, 마음에서 뉴욕의 성 요한 교회나 로마의 성 베드로 성당의 모습을 지워 버려야 한다. 예루살렘 성전은 아름다운 건축물이었을 것이다. 그러나 그 중심에는 제물로 바칠 짐승들을 잡는 도살장이 있었다. 경배하러 오는 유대인들은 짐승들을 가져와서, 그들이 자기들의 죄를 심각하게 여긴다는 것을 하나님께 보이기 위해 그분께 짐승들을 희생제물로 바쳤다.

그 날이 다 가기 전에 희생제물의 고기를 다 먹지 못하면 어떻게든 처리해야 했다. 그러나 누구도 어떻게 해야 할지 확실하게 알지 못했다. 만일 그들이 그 고기를 쓰레기 더미에 버렸다면, 먹을 것을 찾아 돌아다니는 개들이 밤새 그것을 뜯어 먹었을 것이다.

우리는 오늘날 찢어지고 해진 낡은 국기(國旗)들을 어떻게 처리하는가 하는 약간 비슷한 문제가 있다. 우리는 낡은 국기들을 어떻게 처리해야 하는가? 호기심에서 나는 공군 기지로 전화하여 한 장교에게 낡은 국기를 어떻게 처리하느냐고 물어 보았다. 그는 이렇게 대답했다.
"적절한 의식(儀式)을 거행한 후 태울 수 있습니다. 아니면 그것을 싸서 땅에 파묻을 수도 있겠지요. 그러나 국기를 쓰레기장에 버려서는 절대 안 됩니다. 왜냐하면 다른 사람들이 쓰레기를 그 위에 버릴 것이고, 그렇게 되면 당신은 국기를 모독하는 셈이 되기 때문입니다."

나는 찢어진 성경을 처리하는 데에 이와 같은 문제를 가지고 있다. 나는 그것을 어떻게 할지를 몰라서 모아두고 있다. 그 성경책들은 너덜너덜하게 찢어져서 버려야 하겠지만, 그것을 쓰레기통에 버리는 것은 옳지 않다고 생각한다. 나는 성경이 내게 많은 것을 의미하기 때문에 그것을 모독하고 싶지 않다.

제사장들은 이와 같은 문제를 가지고 있었다. 그래서 그들은 다 먹지 못하고 남은 고기를 불태우고 파묻어서, 먹을 것을 찾아 돌아다니는 개들이 먹지 못하도록 주의했다.

농장을 경영해 온 사람들은 돼지들에게 먹이를 줄 때, 돼지들이 먹이를 먼저 먹으려고 꿀꿀거리며 서로 밀치는 것을 안다. 그들에게는 예의나 격식이 필요 없다. 만일 당신이 어떤 비정상적인 이유로 돼지들에게 곡물 대신 진주를 먹이로 준다면, 돼지들은 그것을 먹는 것이라 생각하고 달려들 것이다. 그러나 돼지들은 진주가 먹이가 아니라는 것을 곧 알고는 다른 먹이를 달라고 꿀꿀댈 것이다.

개와 성전(聖殿)과 마찬가지로, 1세기의 돼지들은 우리가 오늘날 생각하는 통통하고 잘 씻겨진 애완 돼지와는 달랐다. 그 돼지들은 유럽의 야생 멧돼지에서 유래된 반야생(半野生)의 짐승들이며, 동화에서처럼 개구리에게 사랑의 연가를 부르지도 못했다.

이러한 사실을 알면, 예수께서 거룩하고 귀한 것을 알아보지도 못하고 그 가치를 판단하지도 못하는 자들에게 그런 것을 주지 말라고 경고하셨다는 것을 쉽게 이해할 수 있다. 그러나 이해하기가 그리 쉽지 않은 것은 이 구절이 예수께서 말씀하신 그 외의 내용과 어떤 관계가 있느냐 하는 것이다. 왜 예수께서는 설교 중에 이 시점에서 그런 말씀을 하셨는가? 그리고 개와 돼지에 관해 말씀하셨을 때 그분은 누구를 염두에 두고 말씀하셨는가?

우리는 개와 돼지에 대해 언급하는 성경 구절들에서 다소 도움을 얻을 수 있다. 예를 들면, 시편 기자는 십자가 사건이 있기 천 년 전에 그리스도의 죽음에 관하여 "개들이 나를 에워쌌으며 악한 무리가 나를 둘러쌌도다"(시 22:16)라고 기록했다. 박해를 받고 있던 의로운 사람 다윗은, 크게 기뻐하며 우리 주님을 못 박은 자들이 십자가에 달린 그분을 둘러쌀 것을 예견한다. 그들은 먹이를 둘러싸고 덤벼들어 갈기갈기 찢으려고 하는 사나운 개들과 같다.

그리고 빌립보서 3장 2절에서 바울은 이렇게 기록한다. "개들을 삼가고 행악하는 자들을 삼가고 손할례당을 삼가라." 더 흥미로운 것은 베드로후서 2장에 기록된 거짓 선생들에 관한 논의이다. 베드로는 거짓 선생들을, 자신들이 토한 것으로 돌아가는 개와 씻었다가 더러운 구덩이에 다시 눕는 돼지에 비교했다. 만일 개나 돼지의 내적인 본성을 변화시키지 못한다면, 개는 토해 놓은 것으로 돌아가 기뻐할 것이고 돼지는 더러운 구덩이에서 뒤룩뒤룩 살찔 것이다.

예수께서 설교 중 이 부분에서 주의를 집중케 하신 개와 돼지는 분명히 그분의 메시지에 반대하는 사람들이었다.

이제 우리의 질문으로 다시 돌아가자. 개와 돼지에 관한 이 말씀이 앞뒤의 문맥과 어떻게 조화를 이루는가?

## 복음 전도에 적용하는 해석

일부 주석가들은 이 구절이 복음 전도를 의미하며, 우리는 누구에게 예수 그리스도에 관한 복음을 전해야 할 것인지를 분별해야 한다고 말한다. 우리는 복음을 들을 대상의 상태를 충분히 고려한 다음에 전해야 한다.

말보다는 먼저 당신의 삶으로 무엇인가를 말하게 하는 것이 더 좋은 때가 있다. 말하지 않는 것이 더 지혜로운 때가 있다는 의미이다. 특히 사람들이 비웃고 있을 때 그렇다.

얼마 전에 비행기를 탔는데, 내 옆 사람과 통로 건너편에 있는 사람이 술을 지나치게 많이 마셨다. 그 중 한 사람이 내가 성경 공부를 하고 있는 것을 보고 내게 성경을 믿느냐고 물었다.

"물론, 믿습니다"라고 나는 대답했다.

복도 건너편에 앉은 사람이 말했다.

『그를 건드리지 말게나. 자네가 그를 공격하기 시작한다면 결국 그를 산산이 찢어 놓게 될 것이고, 그 가엾은 사람은 자신이 소중하게 여기는 모든 것을 잃어버릴 테니까.』

"당신은 토론하고 싶으신가요?"라고 내가 물었다.

"이야기를 나누고 싶습니까? 당신이 어떤 삶을 살고 있는지 말해 보시지요. 당신은 취했소. 맥주 잔도 잡을 수 없는 것 같은데, 당신은 저보다 더 나은 삶을 살고 있다고 말하려 하는군요."

나는 전도를 하지는 않았다. 그러한 대화에서 내가 그들에게 복음을 전한다는 것은 우스운 일이었다. 나는 "이보시오, 당신이 나보다 더 나은 것을 가지고 있다고 생각한다면 당신 말 좀 들어 봅시다"라고 말하고 싶었다. 그때는 그 두 사람 앞에 복음을 전하기 적절한 때가 아니었다. 그 전에 무엇인가 해야 할 일이 있었다.

전도할 때도 말하는 것보다 침묵하는 것이 더 지혜로울 때가 있다. 때때로 침묵 속에 상당한 웅변이 들어 있다.
이것은 상당히 공통된 견해이며, 이에 대한 지지 성경 구절이 몇 개 있다. 누가복음 23장은 예수께서 십자가에 못박히시기 전에 헤롯 앞에 섰다고 말씀한다. 헤롯은 예수와 대화를 나누고 싶어 안달이었다. 그는 그분께 많은 질문을 하고 싶었고, 예수께서 기적을 행하시기를 바랬다. 그러나 예수께서는 그에게 한마디도 하지 않으셨다. 헤롯은 무식한 사람이 아니었다. 그는 이미 그분이 부끄럽지 않은 삶을 사셨다는 것 이상의 것을 알고 있었다. 그의 마음이 돌같이 굳었으므로, 예수께서는 그에게 대답하기를 거부하셨던 것이다.

그러므로 예수님의 그런 사역은 이 견해를 어느 정도 지지한다. 예수께서는 자신이 만난 모든 사람에게 알고 있는 모든 것을 말씀하지는 않으셨다. 고어(Gore) 주교는 "거리에서 기독교의 지고(至高) 진리를 외치지 말라"고 말하곤 했다. 그 말에는 지혜와 많은 통찰력이 들어 있다. 하나님의 진리를 그것을 모독하고 경멸하고 조롱하는 자들에게 주는 것은 진주를 돼지에게 주는 것과 같을 수 있다.

그러나 이것이 여기에서 예수님이 말씀하고 계신 것인가? 예수께서는 비판하는 것에 관하여 경고하고 계셨다. 그리고 계속해서 기도에 관하여 말씀하신다. 왜 그분은 우리가 전도하는 사람들에게 주의하라고 권하기 위해 두 문장 사이에서 그 말씀을 하셨을까? 이방인들에게 전도하는 것이 산상수훈의 내용과 관계가 있는가?

## 성찬에 적용하는 해석

초대 그리스도인들은 이 구절을 성찬에 적용했다. 그들이 성찬을 위해 모였을 때 한 장로가 "거룩한 것은 거룩한 사람들을 위한 것이다"라고 말하고는 성찬을 시작했다. 이 음식, 이 떡과 이 포도주는 지나가다가 우연히 성찬에 참석한 사람들에게는 주지 않았다.

가장 오래된 교회 규례서인 『사도들의 교훈』(*Didascalia Apostolorum*)은 다음과 같이 가르쳤다.
"주님의 이름으로 세례를 받은 자 외에는 누구도 성찬을 먹거나 마시지 못하게 하라. 주께서 이와 관련하여 거룩한 것을 개에게 주지 말라고 말씀하셨기 때문이다."

초대 그리스도인들은 사람들을 하나님께 인도하지 않으려고 한 것이 아니었다. 그들은 단지 성찬을 순결하게 유지하기를 원했을 뿐이다. 이방 신앙이 몰려오자, 그들은 자신들의 신앙의 독특성을 그것을 일소하고 잠식하고 파괴할 영향력들로부터 구별하려고 애를 썼다.

거룩한 것을 개에게 주지 말라는 원리는 성찬에 적용될 수도 있지만, 의문은 여전히 남아 있다. 그것이 예수께서 여기서 의미하신 것인가? 그분은 성찬에 관하여 말씀하신 것인가? 만일 그렇다면 이 교훈은 적절하지 못한 곳에서 나타나고 있는 셈이다. 산상수훈 어디에서도 그분은 성찬을 언급하지 않으셨다. 비록 그러한 적용이 불가능한 것은 아니라고 할지라도, 이 구절의 문맥과는 잘 어울리지 않는 것 같다.

### 주기도문의 마지막 간구에 대한 예수님의 주해(註解)

우리는 이 구절을 다른 방향에서 해석할 수 있다. 그 해석은 산상수훈의 더 넓은 문맥에서 나온다. 이 구절은 예수께서 우리에게 기도의 모범을 주신 6장 앞 부분으로 돌아간다.

주기도문의 마지막 간구는 "우리를 시험에 들게 하지 마옵시고 다만 악에서 구하옵소서"이다. 이것은 사단으로부터 보호해 주실 것을 구하는 기도인데, 사단은 우리가 간음이나 살인, 거짓말이나 도둑질을 하는지에 특별히 관심을 기울이지는 않는다. 사단의 임무는 우리를 하나님으로부터 분리시키는 모든 일에 집중된다.

사단은, 바울이 우리에게 말한 것처럼 빛의 천사로 나타난다. 그는 하나님처럼 되기를 원했기 때문에 타락했다. 사단이 완성한 산물(産物)은 흔히, 매우 의로운 삶을 살지만 하나님을 그리 신뢰하지 않는 집사나 장로이다. 독선은 불의와 마찬가지로 사단의 목적에 일조(一助)를 한다. 그리고 악한 자(사단)가 우리를 하나님으로부터 유혹할 수 있는 한, 그는 우리가 얼마나 잘 행동하는가에 관심이 없다.

한번은 예수께서 베드로에게 이렇게 말씀하셨다.
"사단이 밀 까부르듯 하려고 너희를 청구하였으나 그러나 내가 너를 위하여 … 기도하였노니"(눅 22:31, 32).
이것이 사단이 하고자 하는 바이다. 주기도문의 마지막 간구에서 우리는 악한 자(사단)에게서 보호해 달라고 기도해야 한다. 이 간구에 대한 주석으로서 예수께서는 "거룩한 것을 개에게 주지 말며 너희 진주를 돼지 앞에 던지지 말라"(마 7:6)고 경고하셨다. 그분은 우리가 주님께 등을 돌리고 거룩한 것(우리의 삶)을 개들에게 주고 귀한 것(하나님과 우리의 관계)을 취하여 우리를 찢어 상하게 할 돼지들에게 던져 주지나 않을까 하고 염려하셨다.

예수께서는 마태복음 5장에서도 본질적으로 이와 동일한 요점을 말씀하셨는데, 핍박에 관해 말씀하신 후 다음과 같이 선포하셨다.
"너희는 세상의 소금이니 소금이 만일 그 맛을 잃으면 무엇으로 짜게 하리요 후에는 아무 쓸데 없어 다만 밖에 버리워 사람에게 밟힐 뿐이니라"(13절).

내가 달라스 카우보이(the Dallas Cowboys) 미식 축구 선수단 소속 목사였을 때, 한 선수가 예수 그리스도를 믿게 되었다. 프로 축구계가 그리스도를 섬기기 어려운 세계이긴 했지만, 이 사람은 변화된 삶을 보여 주었다. 몇 달 후 그 팀은 필라델피아에서 이글즈(the Eagles) 팀과 경기를 하고 있었는데, 팀 동료 중 두 사람이 매춘부와 거래를 했다. 그들은 그 여자에게 100달러를 주면서 "만일 당신이 이번 주말에 그 녀석을 데리고 잔다면, 우리는 돈을 두 배로 줄 것이고 그 녀석도 당신에게 얼마를 줄 것이다"라고 말했다.

나는 내 친구가 그와 같이 엄청난 유혹을 이겼다고 이야기해 주어서 기쁘다. 그는 그 일에 관해 이렇게 말했다.
"저는 무슨 일이 벌어지고 있는지 몰랐지만, 그들은 저를 지켜보고 있었어요. 만일 제가 그 여자와 잠을 잤다면 그들은 저를 구렁텅이로 몰아넣었을 겁니다."
그의 말이 옳다. 그들은 그를 구렁텅이로 몰아넣었을 것이다.

왜냐하면 그들은 그의 정결한 삶의 자세가 아무 가치가 없다고 믿고 싶었기 때문이다. 그러나 그 일은 가치가 있었다. 삶은 값싼 것이 아니라 거룩한 것이다.

만일 우리가 그리스도께 대한 헌신에서 등을 돌려 그분을 멸시한다면, 바깥 세상은 한 떼의 굶주린 개들같이, 한 떼의 멧돼지들같이 우리를 찢어서 상하게 할 것이다. 그들은 우리와 우리가 믿는 바를 짓밟아 더러운 시궁창에 쳐넣을 것이다.

만일 그리스도를 따르던 사람이 그분께 등을 돌리기로 결심한다면, 우리는 하나님을 알지 못하는 사람들이 "어서 와요, 친구. 우리는 당신이 돌아와서 기뻐요"라고 말할 것이라고 생각할지 모른다. 그러나 그들은 그렇게 말하지 않는다. 그들은 그를 갈기갈기 찢어 상하게 한다.

내가 또다른 학교에서 가르치고 있었을 때 매우 재능 있는 학생이 한 명 있었다. 그는 신학교를 졸업하고 두 교회의 목사가 되어, 그가 목회를 하는 동안 그 두 교회를 부흥시켰다. 그러나 그 후 그는 매우 심각한 죄를 저질렀다. 그는 체포되어 유죄 판결을 받았다. 나는 텍사스 교도소에 있는 그와 계속 연락을 해 왔다. 그가 판사 앞에 섰을 때 판사가 말했다.
"당신은 그리스도인인 것 같은데, 비열하군요. 나는 당신과 같은 사람을 경멸합니다."

최근의 편지에서 그는 이렇게 썼다.
『나는 여기 있는 죄수들에게 멸시를 받고 있습니다. 그들은 내가 누구였으며 무슨 일을 해 왔는가 하는 것 때문에 일부러 나를 못살게 굽니다. 나는 여기에 10년 동안 있어야 하는데, 내가 견디어 낼 수 있을지 모르겠습니다.』

그의 경험은 예수께서 말씀하신 바를 확인시켜 주었다. 교도소에 있는 기결수들은 그보다 더 악한 죄를 저질렀다. 그들 중 몇몇은 무기수이며 몇몇은 사형수들이다. 그러나 그들은 고기를 게걸스럽게 먹는 개처럼 또는 자기들에게 진주를 먹이는 사람들에게 달려드는 돼지처럼, 그를 공격하는 데서 큰 기쁨을 느낀다.

기독교 신앙을 비판하는 조소자들에게 이야기할 때 가장 다루기 어려운 일은, 그들이 주님을 배반하는 삶을 산 그리스도인들을 알거나 그들에 대해 읽은 내용을 제시하는 것이다. 개와 돼지처럼 그들은 그리스도인들을 물어뜯기를 매우 좋아한다.
하찮은 삶을 사는 사람들은 의(義)를 멸시함으로써 자신들을 정당화한다. 결과적으로 그들은 사단의 함정에 빠진 그리스도의 제자들을 한껏 즐긴다. 그리스도인의 죄는 그들로 우월감을 느끼게 한다. 그들은 들개 떼처럼 또는 게걸스러운 돼지 떼처럼 행동할 수 있다. 그리스도인이 악한 자의 유혹에 빠질 때, 그들은 기뻐한다.

일부 불신자들은 이러한 현상을 잘 알고 있으므로 그리스도를 따르지 않고 뒤로 물러선다. 그들은 다른 이들의 공격을 견디어 낼 수 없을까봐 두려워하는 것이다. 그들은 실행할 수 없을까봐 헌신하기를 주저한다. 아무도 견디어 낼 수 없다는 것은 사실이다. 그것이 주기도문의 목적이다. 우리는 영의 싸움을 하며, 악한 자들은 악한 자(사단)의 공격을 받고 있는 자들을 공격할 것이다. 우리는 혼자서 그런 공격을 견디어 낼 수 없다.

**우리는 어떻게 자신을 보호할 것인가?** 하늘에 계신 우리 아버지 하나님을 계속 의지함으로써 그렇게 할 수 있다. 그분은 우리를 그분에게서 떼어 놓으려고 획책하는 원수 사단으로부터 우리를 보호하실 것이다. 그것이 우리가 열심으로 주기도문의 마지막 간구를 기도해야

**하는 이유이다.** 또한 이어서 예수께서 우리에게 구하고 찾고 문을 두드리기를 계속하라고 권고하시는 이유이기도 하다. 승리의 대가는 끊임없는 경계이다.

마르틴 루터(Martin Luther)는 예수께서 하신 말씀을 이해했으며, 종교개혁의 승전가 속에서 승리를 쟁취했다.

> 내 주는 강한 성이요 방패와 병기 되시니
> 큰 환난에서 우리를 구하여 내시리로다.
> 옛 원수 마귀는 이때도 힘을 써 모략과 권세로
> 무기를 삼으니 천하에 누가 당하랴.

> 내 힘만 의지할 때는 패할 수밖에 없도다.
> 힘 있는 장수 나와서 날 대신하여 싸우네.
> 이 장수 누군가 주 예수 그리스도 만군의 주로다.
> 당할 자 누구랴 반드시 이기리로다.

# 제9장
# 기도하는 자의 자세

"구하라 그러면 너희에게 주실 것이요 찾으라 그러면 찾을 것이요 문을 두드리라 그러면 너희에게 열릴 것이니 구하는 이마다 얻을 것이요 찾는 이가 찾을 것이요 두드리는 이에게 열릴 것이니라 너희 중에 누가 아들이 떡을 달라 하면 돌을 주며 생선을 달라 하면 뱀을 줄 사람이 있겠느냐 너희가 악한 자라도 좋은 것으로 자식에게 줄 줄 알거든 하물며 하늘에 계신 너희 아버지께서 구하는 자에게 좋은 것으로 주시지 않겠느냐"(마 7:7~11).

"**어**빙 베를린(Irving Berlin)은 미국 음악계에서 독보적인 존재이다. 그는 미국 음악 자체이기 때문이다"라고 제롬 케른(Jerome Kern)이 말했다. 미국의 사랑받는 이 작곡가는 이따금 하는 작곡 때문에 그러한 명성을 얻은 것이 아니다. 베를린은 1,500곡의 노래를 지었다. "베를린의 노래는 그의 생애이다"라고 『Time』지가 베를린 탄생 백주년에 즈음하여 논평했다. 베를린이 작곡할 때 적용하는 아홉 가지 규칙들 중 하나는 "일하고 일하고 또 일하라"이다. 어빙 베를린은 작곡하는 데에는 인내력이 있어야 한다는 것을 잘 알고 있다.

예수께서는 우리가 기도할 때 이와 같은 인내력을 가지라고 권하신다. 마태복음 7장 7-12절에서 예수께서는 기도하라고 하시면서 인내하라고 권하신다. 구하라, 찾으라, 문을 두드리라는 말씀은 기도를 표현하는 세 가지 방법이다. 구약성경에서 구하는 것과 찾는 것은 하나님의 마음을 발견하는 것과 관련이 있다. 예레미야서 29장 12, 13절은 이 두 단어를 함께 쓰고 있다. 열심이 있으면 당연히 반복해서 기도를 하겠지만, 예수님의 강조점은 헛된 반복이 아니라 인내심에 있다.

## 인내를 가지고 하는 기도

우리 말 문법에서 잘 이해되지 않는 것은 각 단어, 곧 구하라, 찾으라, 두드리라는 각 단어가 (헬라어상으로) 현재 시제여서 계속되는 행동을 암시한다는 것이다. 이것은 스냅 사진보다는 활동 사진에 더 가깝다. 여기서 이 동사들은 우리가 계속해서 구해야 하며 그러면 우리가 받을 것이라는 의미이다. 계속해서 찾는다면 우리는 발견할 것이다. 계속해서 문을 두드리면 열릴 것이다. 여기서 강조점은 기도 뿐만 아니라 기도할 때의 인내심이다. 여러 가지 다른 일들에 관해 기도하라. 그러나 인내하라.

영적 훈련이든지, 육체적 훈련이든지 어떠한 훈련에서나 우리는 반복함으로써 그 훈련을 완벽하게 할 수 있다. 플로렌스 조이너(Florence Joyner)가 일주일에 한 번씩 한 구간을 달림으로써 올림픽 육상 선수가 된 것이 아니다. 앤즐 애덤스(Ansel Adams)가 자기 가족의 스냅 사진을 몇 장 찍음으로써 미국의 흑백 풍경 사진의 일인자가 된 것이 아니다. 매직 존슨이 날씨가 좋을 때만 슈팅 연습을 함으로써 NBA(National Basketball Association, 미국 프로 농구)의 최우수 선수가 된 것이 아니다(1991년에 에이즈 발병으로 선수 생활에서 은퇴했다—편집자 주). 우리가 잘할 때까지 인내하면서 훈련하는 것이, 영적인 훈련이든지 육체적인 훈련이든지 간에 모든 훈련의 특징이다. 우리는 몇 번이고 연습한다. 이처럼 예수께서는 우리에게 기도할 때 인내심을 가지라고 가르치신다.

**우리가 하나님을 귀찮게 하여야 응답을 받을 수 있기 때문에 계속 기도해야 한다는 것은 아니다. 오히려 그 반대이다. 하나님은 우리의 간구에 헌신적으로 응답하실 것이므로, 우리는 인내하고 계속해서 기도해야 한다.**

신부가 될 사람이 결혼식 예행 연습에 늦었다. 신랑 들러리들은 참지 못하고 신랑을 놀리기 시작했다. 그들은 그에게 신부가 오지 않을 것이라고 말했다. "자 모두 집으로 갑시다"라고 그들이 말했다.
"자네는 모든 것을 취소하는 것이 좋을 거야."
그러나 신랑은 기다렸다. 두 사람은 서로를 신뢰했고, 그는 신부가 오리라는 것을 알았다. 그는 신부가 올 것이라는 확신 때문에 인내하며 기다렸다.

여기서 강조점은 하나님께서 응답하겠다고 약속하셨으므로

우리는 인내하며 기다려야 한다는 것이다. "구하는 이마다(everyone) 얻을 것이요"라고 그분이 말씀하셨다. 이 "모든 사람"이라는 말은 문맥에 의해 제한되고 있다. 이것은 모든 사람에게 하는 약속이 아니다. 예수께서 6장에서 이 기도에 관한 말씀을 하셨을 때, 그분은 시장에서 하루 세 번씩 기도하는 위선자들을 지적하셨다. 그들은 사람들에게 보이려고 기도한다. 그러나 예수께서는 하나님이 그들에게는 아무 약속도 하지 않으셨다는 것을 분명히 하셨다. 그런 다음 그분은 몇 번이고 반복하여 동일한 내용의 기도를 중얼거리는 이방인들을 언급하셨다. 그들은 자기 신(神)의 마음을 움직일 마법의 주문을 찾는다. 물론 그들도 인내하고 기다리지만, 그러한 무모한 반복은 참 하나님을 감동시키지 못한다. **여기서 "모든 사람"이란 예수께서 향하여 말씀하고 계셨던 제자들, 곧 하나님의 표준을 자신들의 삶에서 가장 중요한 것으로 삼고자 하는 자들을 의미한다.**

1세기 전 사람들은 때때로 "당신의 순종하는 종"(Your obedient servant)이라는 구절로 편지를 끝마쳤다. 우리는 그러한 구절이 이상하고 낡아빠진 것이며 신실하지 못한 것이라고까지 여긴다. 요컨대 그 편지는 종들이 쓴 것이 아니다. 그렇기 때문에 우리는 편지한 사람이 편지를 받을 사람에게 순종할 의사가 없지 않은가 생각한다.

그러나 요즈음 사용하는 "숙배(肅拜)"(Yours Truly)라는 문구도 별로 나을 바가 없다. 나는 IRS(International Revenue Service, 미국 재무성 내 국세국)로부터 "숙배"라고 씌어진 편지를 받았다. 나는 그 문구를 믿지 않는다. 내가 그들에게 "Yours"라는 표현을 쓸 수는 있어도 그들이 내게 그 표현을 써야 할 이유는 없다. 그들은 내게 속하지 않았기 때문이다. 그리고 '당신의 사람'(yours)이라고 하는 것으로는 충분하지 않으며, 우리는 '진정으로'(truly) 당신의 사람이 되어야 한다. 그것은 주유소에서 소년들로부터 성 발렌타인의 날에 선물을 받는 것만큼이나 의미 있는 것이다.

그러나 어떤 의미에서 기도는 하나님께 보내는 편지, 간구의 편지라고 할 수 있다. 그리고 "당신의 순종하는 종"이라는 문구로 편지를 끝맺는 자들은 그분의 제자들이다. 그들은 하나님께 "저는 진정으로 주님의 사람입니다. 저는 주님의 사람이 되고 싶습니다"라고 말하는 사람들이다. 그러한 사람들이 이런 기도를 하라고 권유받는 사람들이다. 하나님이 응답하실 것을 믿기 때문에 인내를 가지고 기도하는 사람들, 하나님께서 그들에게 원하시는 바를 똑같이 원하는 사람들 말이다. 그러므로 예수께서 첫번째로 지적하신 것은, 우리는 하나님이 헌신적으로 우리에게 응답하실 것을 믿으므로 인내해야 한다는 것이다.

## 우리에게 필요한 것을 주시는 하나님

주님의 기도 응답의 약속은 축복이기도 하지만 우리에게는 위협이 되기도 한다. 만일 우리가 기도한 대로 무조건 다 받는다는 약속을 받았다면 기도하기가 두려울 것이다. 때때로 나는 무릎을 꿇고서 우스꽝스러운 것들을 구한다. 나는 때때로 나 자신을 파멸시킬 수 있는 것을 하나님께 구하고 있는 자신을 발견한다. 그러므로 예수께서 다음과 같이 말씀하셨다.
"너희 중에 누가 아들이 떡을 달라 하면 돌을 주며 생선을 달라 하면 뱀을 줄 사람이 있겠느냐 너희가 악한 자라도 좋은 것으로 자식에게 줄 줄 알거든 하물며 하늘에 계신 너희 아버지께서 구하는 자에게 좋은 것으로 주시지 않겠느냐"(9-11절).
이 비유적인 묘사는 그 뜻이 분명하다. 또 그 표현들이 재미있다. 예수께서 언급하신 돌은 팔레스틴과 사해나 갈릴리 바다 해변에서 그리고 광야에서 발견된다. 돌은 이스라엘 전지역에 널려 있다. 그것은 작은 떡덩어리 모양과 색깔을 지니고 있는 작고 흰 돌이다. 그러나 아버지가 배고픈 자기 아들에게 떡 대신에 돌을 주겠는가? 혹은 생선 대신에 뱀을 주겠는가? 아니다.

예수께서는 하나님이 우리에게 해로운 것, 우리를 파멸시킬 것을 줄지도 모른다고 두려워할 필요가 없다는 뜻으로 이 구절을 말씀하셨다. 하나님은 그런 식으로 우리를 놀리지 않으실 것이다.

이것은 헬라인들에게 새로운 사상이었다. 그들은 그들의 신(神)들이 종종 자기들을 놀린다고 생각했다. 사실, 그리스 전설에서 아침의 여신 오로라(Aurora)는 티토누스라고 하는 멋진 사람을 사랑하게 되었다. 제우스는 오로라에게 결혼 선물로 무엇을 원하느냐고 물었다. 그 여신은 티토누스가 영원히 살 수 있게 해 달라고 구했다. 제우스는 그 요구를 승낙했다. 그러나 오로라는 자기 남편이 영원히 청년으로 있게 해 달라고 요청해야 한다는 생각을 하지 못했다. 티토누스는 점점 늙고 약해 갔지만 죽을 수가 없었다. 오로라가 어리석게 구하였으므로, 제우스는 그 여신을 조롱했던 것이다.

예수께서는 하나님이 그렇게 하지 않으신다고 보장하셨다. 우리에게는, 기꺼이 응답하시고 우리에게 필요한 것을 주시기에 충분히 지혜로우신 하늘에 계신 우리 아버지 하나님이 있다. **강조점은 하나님의 지혜에 있다. 우리는 종종 무엇을 구해야 할지를 모른다. 그러나 하나님은 우리가 필요로 하는 것을 아신다.**

우리 딸 비키가 아기였을 때 그 애는 한밤중에 깨는 습관이 있었다. 자다가 깼을 때 그 아이는 혼자 있기를 원치 않았기 때문에 모든 집안 사람들을 깨울 만한 소리를 내었다. 나는 비틀거리며 그 아이의 방으로 들어가곤 했다. "왜 그러니, 비키야?"

하고 나는 물었다.
『내 곰 인형을 주세요.』
나는 곰처럼 생긴 것을 찾아다가 주곤 했다. 비키는 그것을 한 번 힐끗 보고는 바닥에 팽개치곤 했다. 그러면 나는 다시 한번 묻는다.
"비키, 무엇을 원하는지 아빠에게 말해 보렴."
『내 인형을 주세요.』
그러면 나는 인형을 찾아서 침대 곁으로 가서 인형을 아기 옆에 부드럽게 누인다. 딸아이는 그것을 잠깐 가지고 있다가 곰 인형과 마찬가지로 바닥에 던진다. 이때쯤 내 아내 보니(Bonnie)가 일어나 부엌으로 가서 젖병을 데운다. 아내가 비키의 입에 젖병을 물려 주자마자 비키는 조용해진다. 그것이 바로 비키가 원하던 것이었다. 딸아이는 배가 고팠지만 너무 어려서 자신을 만족시켜 줄 수 있는 것이 무엇인지를 몰랐던 것이다. 나는 비키가 곰 인형을 원했고 다음에는 인형을 원한다고 확신했다. 그러나 비키가 진정으로 필요로 했던 것은 자기가 따뜻한 우유를 필요로 한다는 것을 안 엄마였다.

우리가 하나님께 간구할 때 우리는 그분께 우리가 참으로 원하는 것이라고 생각하는 것을 구할 수 있으며, 하나님은 우리에게 우리를 해칠지도 모르는 것을 주시지 않는다고 확신할 수 있다. 그분은 좋은 아버지가 하는 것처럼 우리의 필요에 따라 응답하실 것이다. 비록 우리가 불완전할지라도 우리는 우리 자녀들에게 좋은 선물들을 주고 싶어한다. 그러나 하늘에 계신 우리 아버지는 그 이상의 일을 하신다. 우리는 어린 자녀들에게 무엇을 주어야 할지 항상 알지는 못하지만, 하늘에 계신 우리 아버지는 우리가 필요로 하는 것을 정확히 아신다.

얼마 전 나는 친한 친구와 함께 앉아서 이야기를 나누었는데,

친구가 하는 말이 아들이 자기 말을 잘 듣지 않는다고 했다. 그의 아들은 마약 암거래 혐의로 기소되었고 10년 형을 받아서 교도소에 수감되었다. 부자이고 영향력 있는 그 아버지와 함께 나는 그의 거실에 앉아서 이야기했다.

"자네도 알다시피, 나는 아들이 원하는 모든 것을 주었네"라고 그가 말했다.
『내 생각에는 그것이 그를 파멸시킨 것 같네.』
그 아버지는 아들을 사랑했다. 나는 그 사실을 의심하지 않는다. 그래서 그 아들은 요구하는 것을 받았다.
"나는 아들의 요구를 물리칠 수 없었네"라고 그가 말하는 것을 들었다.
"그 녀석은 자기가 무엇을 요구하든 그것을 사 줄 만한 돈이 내게 있다는 것을 알고 있다네."
따라서 그 아들은 자기가 원하는 것을 받았으나 그런 선물 때문에 파멸되었다. 아버지들은 자녀들의 요구를 들어 줌으로써 그들을 파멸시키기를 원치는 않는다. 그러나 그들은 때때로 그런 실수를 저지른다.

하나님은 우리의 변덕을 만족시키지는 않는다. 그러나 그분은 우리에게 필요한 것을 주실 것이다. 어떤 철인(哲人)이 말한 바와 같이 말이다.

나는 공(功)을 세우려고 힘을 구했으나 그분은 나를 약하게 만들어 순종하게 하셨다. 나는 위대한 일을 하려고 건강을 구했으나 그분은 내게 은혜를 베푸사 더 좋은 일을 하게 하셨다. 나는 행복해지려고 부(富)를 구했으나 그분은 내가 지혜로워지도록 부를 주시지 않았다. 나는 사람의 칭송을 받으려고 권력을 구했지만 하나님은 내가 그분을 필요로 한다고 생각하도록 약함을 주셨다. 나는 인생을 즐기기 위해 온갖 것들을 구했지만 하나님은 내게 생명을 주셔서 온갖 것들을 즐기게 하셨다. 내가 구한 것들 중에 받은 것은 거의 없지만 내가 희망했던 것들을 받았다.

기도할 때 우리는 혼자서만 일방적으로 기도할 수 없다는 사실을 깨닫는다. 우리가 구할 때 아버지께서 응답하신다. 우리가 찾을 때 우리는 아버지 하나님의 얼굴을 발견한다. 우리가 문을 두드릴 때 종이 아니라 아버지 하나님이 문을 열어 주신다. 그 분이 바로 하나님 아버지이시며, 우리는 그 사실을 알 필요가 있다. 우리는 기도를 통해서 그런 사실을 안다.

모든 자녀들이 필요로 하는 것은 무엇인가? 그들은 아버지의 사랑과 보살핌을 필요로 한다. 우리는 눈코 뜰 쌔 없이 바쁜 기업체 사장을 아버지로 둔 소년을 보고 그 애는 모든 것을 가졌지만 아버지를 가지지는 못했다고 말한다. 그의 아버지는 아들에게 비싼 선물 구매 목록을 주었지만 자기 자신을 줄 시간은 없었다.

**우리가 진정으로 원하는 것이 무엇인가? 선물인가? 그렇다. 하나님은 우리가 먹을 빵과 생선을 필요로 한다는 것을 아신다. 그러나 우리가 진정으로 필요로 하는 것은 하나님이다. 만일 우리가 인내를 가지고 음악이나 운동이나 사업을 한다면, 우리는 명성과 부를 얻을 것이다. 그러나 꾸준한 기도에서 얻는 가장 큰 선물은 하나님 자신이다.**

# 제10장

# 타인에게 베푸는 원리

"그러므로 무엇이든지 남에게 대접을 받고자 하는 대로 너희도 남을 대접하라 이것이 율법이요 선지자니라"(마 7:12).

"**나**는 적(敵)을 만들기를 좋아합니다. 나는 내 적들과 싸웁니다. 나는 적들을 쳐서 쓰러뜨리기를 좋아하지요."
도널드 트럼프(Donald Trump:미국 최고의 부동산 사업가-편집자 주)가 이렇게 말했는데, 그의 이름은 "번지르함"과 "탐욕"의 동의어가 되었다. 그의 복수 게임 계획은 우리가 황금률이라고 알고 있는 것과는 완연한 대조를 이룬다. 이 황금률은 일부 사람들이 윤리의 최고봉이라고 부르는, 널리 인정되는 도덕적 기준이다.
"무엇이든지 남에게 대접을 받고자 하는 대로 너희도 남을 대접하라"(7:12).

나는 이 말씀이 예수께서 하신 가장 유명한 말씀이라고 생각한다. 성경을 거의 알지 못하는 사람들도 이 황금률을 안다. 그러나 이 말씀은 원래 예수께서 처음으로 말씀하신 것이 아니다. 형태가 조금씩 다르긴 하지만 이 말은 예수님 이전 수세기로 거슬러올라간다. 예수님 이전 약 500년경에 살았던 헬라 철학자 이소크라테스(Isocrates)가 황금률을 사용했으며, 소크라테스(Socrates)가 전했다. 그리스도 이전 500년경 극동에 살았던 공자도 황금률을 가르쳤다. 철학자이자 신학자인 필로(Philo)도 황금률을 전했다. 그러나 흥미로운 것은 성경 외의 황금률은 대개 소극적으로 서술되었다는 것이다.

엄격하고 준엄한 유대의 랍비 샴마이(Shammai)는 어느 날 한 이교도의 방문을 받았다. "내가 한쪽 다리로 서 있는 동안 당신이 율법을 요약할 수 있다면 당신의 종교로 기꺼이 귀의하겠습니다"라고 그 이교도가 말했다.
샴마이는 그 사람을 큰 막대기로 쫓아내었다. 나는 그를 비난하지 않는다. 그 사람은 개종자가 될 조건으로 우스꽝스러운 조건을 제시했던 것이다.

그 후 그 이교도는 다른 랍비, 힐렐을 찾아가서 똑같은 제안을 했다. 힐렐의 대답이 그 이교도를 꼼짝 못하게 했다.
"당신 자신이 싫어하는 바를 남에게 행하지 말라."

공자의 제자 자공(子貢)이 "종신토록 행할 계율을 한 마디로 말씀해 주실 수 있겠습니까?" 하고 물었다. 공자는 "서"('어질' 恕)라고 대답했다.
"네 자신에게 행하여지기를 원치 않는 바를 남에게 행하지 말라"(己所不欲 勿施於人).
이 문구는 소극적이기 때문에 흔히 '은률'(the silver rule)이라고 한다. 우리는 남이 우리에게 행하기를 원치 않는 바를 남에게 행하지 말아야 한다.

이것은 나쁜 규율이 아니지만 특별히 종교적인 것은 아니다. 어떤 규율이 이치에 닿는다고 해서 그 종교를 받아들일 필요는 없다. 우리가 어떤 계율을 지키지 않으면 사회 생활을 할 수 없다고 해서 그 윤리적인 체계나 신학을 지지할 필요는 없다. 이런 측면에서 복수를 피하는 것은 단지 계산된 예지(銳智)일 뿐이다.

## 문맥에서 본 황금률

그러나 예수께서는 적극적으로 말씀하셨다.
"그러므로 무엇이든지 남에게 대접을 받고자 하는 대로 너희도 남을 대접하라 이것이 율법이요 선지자니라."
헬라어 사본과 많은 역본 성경에서 "그러므로"라는 낱말이 황금률 앞에 위치한다. 황금률은 따로 떨어져 있는 독립적인 내용이 아니다. 산상수훈의 각 문장들은 전체 문맥 안에서 의미를 가진다. "그러므로"라는 단어가 무엇을 의미하는지 그 앞에 있는 내용을 살펴보자.

마태복음 5장 끝부분에서 예수께서는 우리와 하나님과의 관계에서 나오는 우리와 이웃과의 관계에 관해 말씀하셨다. 그리고 그분은 하나님이 하신 것처럼 우리도 우리 원수들을 사랑해야 한다고 말씀하심으로써 그 관계를 요약하셨다. 하나님은 선한 사람들에게만 햇빛을 비추시지 않는다. 해는 모든 사람을 비춘다. 그리고 우리는 그런 선(善)을 본받아야 한다. 우리가 우리의 원수들을 사랑할 때, 우리는 차별하지 않으시는 하나님을 닮게 된다.

마태복음 7장 11절에서 예수께서는 우리가 기도로 하나님께 나아가야 하는 이유는 하나님이 우리에게 좋은 선물들을 주시기 때문이라고 결론을 내리셨다. **따라서 "그러므로"라는 말은 하나님에 대한 우리의 관계를 언급한다. 왜냐하면 하나님은 우리 아버지이시므로, 하나님은 좋은 것으로 주시는 분이시므로, 우리는 그분의 자녀들이므로, 다른 사람들이 우리에게 베풀기를 바라는 대로 우리도 다른 사람들에게 베풀어야 한다.**

예수께서는 앞서 우리에게 원수들을 사랑해야 한다고 명하셨는데, 여기서 그분은 더욱 구체적으로 말씀하신다. 우리는 다른 사람들이 우리에게 행해 주기를 바라는 대로 그들에게 행해야 한다. 다른 말로 하면, 우리는 우리 자신으로부터 시작해야 한다. 우리는 다른 사람이 우리에게 행해 주기를 원하는 바가 무엇인지 우리 자신에게 물어야 한다. 나는 다른 사람들이 내게 친절하기를 바란다. 그러므로 나는 친절해야 할 것이다. 나는 다른 사람이 내게 정직하기를 바란다. 그러므로 나는 정직할 것이다. 나는 내가 상처를 입고 있을 때 사람들이 나를 도와주기를 바란다. 그러므로 나는 그들이 도움을 필요로 할 때 그들을 도울 것이다.

역으로, 나는 사람들이 나의 삶을 고되게 만들기를 원치 않으므로 그들의 삶을 고되게 만들지 않을 것이다. 나는 다른 사람들이 나를 최악의 상태로 몰아넣는 것을 원치 않으므로 나도 그들을 최악의 상태로 몰아넣지 않도록 노력할 것이다. 주목해야 할 요점은 우리가 먼저 베풀어야 한다는 것이다.

우리는 다른 사람들이 우리에게 베풀기를 바라는 대로 다른 사람들에게 베풂으로써 우리의 삶을 단속해야 한다. 예수께서는 "이것이 율법이요 선지자니라"고 말씀하셨다.

우리가 예수님의 말씀을 가지고 구약의 율법을 읽는다면 우리는 이 황금률과의 관련 내용을 알 수 있다. 나는 최근에 구약성경으로 돌아가서 많은 율법을 읽었다. 이렇게 하는 과정에서 나는 율법과 황금률의 관련 내용을 알게 되었다. 예를 들면 율법은 "너는 이방 나그네를 압제하지 말라 너희가 애굽 땅에서 나그네 되었었은즉 나그네의 정경(情境)을 아느니라"(출 23:9)고 기록하고 있다. 바로 그곳에 구약의 황금률이 들어 있다. 이스라엘 사람들은 자신들이 나그네였으므로 나그네들을 어떻게 대접해야 하는지를 알았을 것이다. 그들은 자신들이 대접받고자 했던 대로 똑같이 나그네들을 대접해야 했다.

또다른 예로 출애굽기에 있는 소송법을 살펴보자.
"네가 만일 네 원수의 길 잃은 소나 나귀를 만나거든 반드시 그 사람에게로 돌릴지며"(23:4).
나는 소가 없지만 만일 있다면, 내 소를 잃어버리거나 도살당하는 것을 원치 않을 것이다. 나는 소를 발견한 사람이 친절하게 내게 돌려주기를 바랄 것이다. 그러므로 내가 내 원수의 소를 발견한다면 똑같이 돌려주어야 한다.

소에게 적용된 대로 나귀에게도 적용되었다.
"네가 만일 너를 미워하는 자의 나귀가 짐을 싣고 엎드러짐을 보거든 삼가 버려두지 말고 그를 도와 그 짐을 부리울지니라" (23:5).
나귀가 짐을 지고 쓰러져서 제 발로 일어서지 못하는 것은 큰 위험에 처해 있는 것이다. 그 나귀가 내 나귀일 경우, 어떤 사람이 그 가엾은 짐승이 거기 쓰러진 채 병신이 되지 않도록 세워 준다면 나는 대단히 고마워할 것이다. 만일 그것이 어떤 사람이 내 짐승을 위해 해 주기를 바라는 것이라면, 그것은 바로 내가 해야 할 일이다. 그 나귀가 누구 소유인지 묻지 말고 또 나귀 주인이 과거에 내게 어떻게 대했는지를 따져 보지 말고 말이다.

그 원리는 사랑의 규율을 매우 실제적으로 적용함으로써 우리에게서 시작된다. 그 원리는 수동적인 것이 아니라 능동적이며, 소극적이 아니라 적극적이다.

선한 사마리아인 이야기는 덴버나 시카고 또는 뉴욕의 시내에서 일어날 수 있을 것이다. 어느 여행자가 강도를 만나 습격을 당하여 길 옆에 피를 흘리며 죽어 가고 있었다. 두 사람이 그를 보았지만, 자신들의 일을 보러 모른 채 지나갔다. 한 사람은 제사장이었고 한 사람은 레위인이었다. 그들은 '은률'(the silver rule)을 실천했다. 그들은 이 사람에게 악한 일을 행하지 않았지만 그를 도와주지도 않았다.
만일 내가 그 희생자였다면 나는 누군가가 나를 도와주기를 바랬을 것이다. 나는 도와주는 사람이 유대인이든지 사마리아인이든지 상관하지 않을 것이며, 그의 피부 색깔에 대해서도 전혀 개의치 않았을 것이다.

## 황금률을 실천하는 목적

우리는 다른 사람들이 나를 도와주었기 때문에 그들을 돕지는 말아야 한다. 그것은 하나님이 우리를 대하시는 방법이 아니다. 하나님의 도움은 우리의 공로와는 아무 상관이 없다. 하나님은 우리가 어떤 사람인가 하는 것에 따라서 우리를 사랑하시지는 않는다. 곧, 그분은 우리의 됨됨이를 아시지만 우리를 사랑하신다. 우리는 결코 하나님께 무엇을 요구할 권리가 없다. 하나님은 우리에게 빚을 지신 적이 없다. 오히려 그분은 우리를 소유하신다.

황금률은 절대적인가? 아마도 그렇지는 않을 것이다. 우리가 다른 사람들에게서 받기를 원하는 것은 정당한 것이어야 한다. 예를 들면, 나는 그것이 사실이든지 아니든지 간에 다른 사람들이 나에 관해 좋은 말을 해서 아첨해 주기를 바랄 수도 있다. 따라서 나는 사람들이 내게 아첨하기를 원하며 그들에게 아첨을 한다. 결국 그 과정은 파괴적인 조작이 되며, 분명히 그것은 예수께서 본래 의도하신 바가 아니었다.

혹은 어떤 사람이 중죄를 범하고 체포되어 법정에 서게 되었다고 가정해 보자. 배심원들이 그에게 어떻게 해 주기를 원하느냐고 그에게 묻는다면, 그는 의심할 나위 없이 석방해 주기를 원한다고 말할 것이다. 그것은 배심원들이 범죄를 했을 경우에도 마찬가지일 것이다. 그러면 황금률은 배심원들이 그 사람을 석방시켜야 한다는 것을 의미하는가? 우리는 항상 사람들이 원하는 것을 그들에게 베풀어야 하는가?

**이 황금률은 산상수훈의 나머지 말씀과 관련이 있으며, 산상수훈의 주제는 의(義)라는 사실을 다시금 깨닫는 것이 중요하다. 예수께서는**

**다른 사람들이 우리에게 의롭게 행하도록 우리가 그들에게 의롭게 행해야 한다는 것을 지적하려고 하셨다.** 우리가 하나님의 의를 이해한다면, 우리는 황금률을 왜곡하여 불의한 행동의 구실로 만들지는 않을 것이다.

만일 하나님과 동행한다면 우리는 죄를 염려할 것이다. 산상수훈의 정수(精髓)는, 우리가 우리의 절망적인 상태를 깨달을 때 애통하면서 하나님께 나아가고 그분의 의(義)에 주리고 목말라 한다는 것이다.

만일 율법과 선지자와 산상수훈의 문맥에서 황금률을 이해하지 못한다면, 우리는 우리가 사는 사회에 큰 유익이 아니라 큰 해악을 끼치게 될 것이다.

**기억해야 할 다른 한 가지는, 예수께서 주신 황금률은 목표가 아니라 지침이라는 사실이다.** 그분은 다른 사람들이 우리에게 친절하도록 하기 위해 우리가 그들에게 친절을 베풀어야 한다고 말씀하신 것이 아니다. 다른 사람들에게서 친절을 받는 것이 우리가 친절해야 할 동기가 되어서는 안 된다. 황금률이 우리가 스스로 어떻게 행동해야 하는지를 보여 주고 있다 할지라도, 그것이 어떤 결과를 보장하지는 않는다. 사실, 산상수훈 앞부분에서 예수께서는 그런 기대를 하지 말라고 경고하셨다.
"나를 인하여 너희를 욕하고 핍박하고 거짓으로 너희를 거스려 모든 악한 말을 할 때에는 너희에게 복이 있나니"(5:11).

예수께서는 산상수훈에서 만일 우리가 진실로 의로운 삶을 산다면, 사람들이 우리를 이용하고 중상하고 핍박할 것이라고 여러 번 경고하셨다. 현실을 직시하자. 우리가 사람들을 친절하게 대한다고 해서 그들이 반드시 우리를 친절하게 대하는 것은 아니다. 아마 어떤 사람들은 그런 우리를 이용할 것이다. 경건한 삶을 살면 인생이라는 경기에서 불이익을 당할 수도 있다. 그러나 이것은 우리가 반드시 꼴찌를 한다는 뜻은 아니다. 우리가 친절을 베푼다고 해서 다른 사람들이 반드시 우리에게 친절을 베푸는 것은 아니라는 사실을 깨닫는다면, 우리는 크게 실망하지 않을 것이다. 황금률은 목표가 아니라 지침이다.

**그러면 왜 황금률에 따라 사는가? 왜냐하면 우리는 하늘에 계신 우리 아버지의 인정을 받기 위해 살기 때문이다.** 내가 내 원수에게 소를 돌려준 뒤에 그가 나를 위해 감사의 잔치를 베푸는지 베풀지 않는지는 중요하지 않다. 내가 다른 사람에게 정직하게 행한 후에 그들이 내게 정직하게 행하는지 행하지 않는지도 중요하지 않다. 우리가 모든 면에서 불신자를 앞설 수는 없지만 하나님과의 관계 면에서는 앞선다. 우리는 사회에서 하나님을 대표하며, 그분의 규율은 남들이 당신에게 베풀기 전에 그들에게 베푸는 것이다. 그러나 만일 우리가 하나님과 우리의 관계에 대해 진지하다면, 우리는 친구와 적, 이웃과 원수에게 사랑을 베푸는 삶을 살 것이다.

따라서 나는 어떤 주어진 상황에서 내가 원하는 바가 무엇인지를 자문(自問)한다. 답이 명확해지면, 나는 하나님이 내게 응답하시는 것처럼 응답할 뿐이다.

이것은 나를 불편하게 하기에 충분하다. 황금률은 모든 활동에서 우리의 길잡이가 되어야 한다. 가정에서 우리 배우자와 자녀들과의 관계에서, 고속도로에서, 축구 경기장에서, 직장에서, 어디에서나 황금률은 우리의 길잡이가 되어야 한다. 황금률은 우리에게 편리할 때나 도움이 될 때만 실천하는 교훈이 아니다.

우리의 영적 파산 상태, 곧 우리의 철저한 이기심을 깨달을 때, 우리는 다른 사람의 이익을 우선으로 한 적이 없었다는 것을 깨닫게 된다. 그 사실을 깨달을 때, 우리는 산상수훈의 기초인 팔복으로 돌아가게 된다.
"심령이 가난한 자는 복이 있나니 천국이 저희 것임이요."
나는 문득 내가 하나님의 은혜를 얼마나 많이 필요로 하는가를 깨닫는다.
"애통하는 자는 복이 있나니."
내가 모든 핑계를 벗어버릴 때, 나는 하나님이 나에게 원하시는 것에서 얼마나 멀리 떨어져 있는지를 깨닫고 복종심과 절실한 필요에 대한 의식으로 하나님 앞에 나아가게 된다. 그런 다음 나는 "의에 주리고 목마른 자는 복이 있나니 저희가 배부를 것임이요"라는 말씀을 읽는다. 그리고 그 말씀으로부터 "긍휼히 여기는 자는 복이 있나니…마음이 청결한 자는 복이 있나니…화평케 하는 자는 복이 있나니…"라는 말씀이 나온다. 그리고 나는 하나님과 나의 관계를 확신함으로써, 그 확신이 다른 사람들과 나의 관계에 얼마나 영향을 주는가를 깨닫는다.

예수께서는 내게 마음을 고쳐먹고 새로 시작하라고 말씀하시지는 않았다. 그분이 말씀하고 계신 것은 이러한 종류의 의(義)가 새로운 삶을 요구한다는 것이다. 그분은 내가 이 규율을 준수하겠다는 결심을 해야 한다고 말씀하시지 않았다. 내 힘으로는 그것을 지킬 수 없다.

나는 하나님의 의에 대한 절박한 필요를 깨닫는다. 나는 성경을 알지만 하나님의 규율과 규례를 모두 지키지는 못한다. 사실, 나는 그것들을 모두 기억하지도 못한다. 도대체 어떻게 내가 하나님의 사랑을 나타낼 수 있을까? 나는 어떻게 생각해야 할까? 나는 어떻게 행동해야 할까?

나는 다른 사람들이 내게 베풀어 주기를 바라는 대로 그들에게 행하겠다고 결심해야 한다. 나는 그 상황에서 내가 원하는 것이 무엇인지를 자문함으로써 시작할 것이다. 그런 다음 나는 그것을 행할 것이다. 그렇게 행하는 사람은 하나님이 요구하시는 의를 충족시킨다. 그리고 꾸준하게 그렇게 하기 위하여 그 사람은 오직 하나님만이 주시는 의(義), 먼저 하나님과 누리고 그 다음에 다른 사람들과 누리는 은혜의 관계라는 의가 필요하다.

찰리 브라운은 친절한 마음씨를 가지고 착한 일을 하는 만화 주인공이다. 찰스 슐츠(Charles Schultz)의 연재 만화『땅콩』(*Peanuts*)에서 찰리 브라운은 이웃 주민들로부터 욕을 먹지만 계속해서 황금률을 실천한다. 황금률을 행하는 것이 자기에게 거의 이익이 되지 않을지라도, 그는 다른 사람들이 자신에게 베풀어 주기를 바라는 대로 다른 사람들에게 계속해서 행한다.

한번은 찰리와 루씨가 영화를 보기 위해 다른 아이들 뒤에 줄을 섰다.
"찰리 브라운, 여기 오래 서 있었니?" 하고 루씨가 물었다.
『아니, 난 방금 여기 왔어. 사실, 난 영화를 보아서는 안 돼. 해야 할 숙제가 있거든. 만일 선착순으로 천오백 명의 어린이에게 사탕 과자를 공짜를 준다는 말이 사실이 아니라면, 나는 여기에 서 있지 않았을 거야.』
찰리 브라운이 말하는 동안 검표원이 아이들의 수를 세는 소리를 듣고 있던 루씨가 그에게 "찰리 브라운, 내가 네 앞에 서도 괜찮겠니?" 하고 물었다.
『그래. 그렇게 해. '여자 먼저'(lady first)가 항상 내 좌우명이야. 나는 이 영화는 별로라고 생각해. 선착순으로 1,500명의 아이들에게 사탕 과자를 무료로 준다고 하기에 여기 왔을 뿐이야. 나는 사실 책을 읽으면서 집에 있어야 하지만, 공짜로 무엇인가를 준다니 얼마나 좋은 일이니』하고 찰리 브라운은 루씨가 표를 사는 동안 계속 말했다.
"1,500!" 하고 검표원이 외쳤다.
"미안하다 얘야, 이제 끝났다."
찰리 브라운에게 검표원이 말했다.

세상에는 루씨와 같은 사람이 가득하다. 당신이 황금률을 실천할 때 그들을 위해 하지 말고 하늘에 계신 당신의 아버지 하나님을 위하여 하라. 그분은 사탕 과자보다 더 값진 것으로 갚아 주신다.

# 제11장

# 우리가 택해야 할 길과 문

"좁은 문으로 들어가라 멸망으로 인도하는 문은 크고 그 길이 넓어 그리로 들어가는 자가 많고 생명으로 인도하는 문은 좁고 길이 협착하여 찾는 이가 적음이니라"(마 7:13, 14).

요한 칼빈(John Calvin)은 기독교 신앙에 지대한 영향을 주었다. 그는 청년 시절부터 사려가 깊고 경건하며 학구적이었다. 그는 27세에 『기독교 강요』(*Institutes of the Christian Religion*) 초판을 저술했다. 1564년 소천(召天)할 즈음에 그는 개혁 신학의 발판을 놓았다. 더욱이 그는 민주적인 정부를 세울 토대를 어느 정도 마련하기까지 했다. 그는 돈 한 푼 없이 가난하게 죽었으나, 역사의 기준에 따라 평가할 때 그는 성공한 사람이었다. 그가 인류에게 전해 준 보물 때문에 우리는 오늘날에도 풍요롭게 지내고 있다. 요한 칼빈에게는 찰스(Charles)라고 하는 형제가 있었다. 찰스 칼빈은 방탕아였다. 그는 암울한 삶을 살았다. 요한 칼빈은 위대한 인물이었으나 찰스 칼빈은 그렇지 못했다. 그는 비참하게 생을 마감했다.

이 두 사람은 왜 그렇게도 달랐는가? 유전 때문이 아니다. 그들은 같은 부모에게서 태어났다. 환경 때문도 아니다. 그들은 같은 가정에서 자랐다. 교육 때문도 아니다. 그들은 같은 학교에 다녔다. 사실 그들은 초기에 거의 같은 영향을 받았다. 그러나 한 사람은 정상에 이르렀고, 한 사람은 죽음의 골짜기에서 헤어나지 못했다.

## 우리가 선택해야 할 길

우리가 어떤 선택을 하느냐에 따라서 우리는 다른 사람과 구별된 모습을 지니게 된다. 우리는 결정하고, 그 다음에는 그 결정들이 우리를 좌우하고 우리를 구성한다. 많은 사람들이 자신이 누구인가를 발견하려고 정신과 의사나 심령 치료사에게 가는 데에 많은 돈을 소비했다. 그러나 만일 우리가 누구인가를 발견하기 위해 한 번에 한 껍질씩 우리 자신을 벗기지 않는다면, 양파의 껍질을 모두 벗겨 버릴 때 얻는 것은 오로지 눈물뿐인 것처럼 아무 것도 남지 않을 것이다.

　뉴욕의 한 극작가는 수십 년 동안 자신과 일해 온 몇몇 사람들에 관한 글을 썼다. 그는 그들 대부분이 큰 가능성을 가지고 시작하지만 그것이 결국 거짓으로 끝난다는 사실을 한탄했다. 자신이 관찰한 것들을 요약하면서 그는 이렇게 말했다.
"결국 브로드웨이에서 크게 성공하는 사람들은 매우 적다. 대부분의 사람들은 실패하여 좌절하고 만다."

　그의 판단은 많은 사실을 내포하고 있다. 대부분의 사람들은 안간힘을 다해 성공하려고 하지만, 인생이 끝날 때 자신들의 기준으로 판단해 보면 그들은 실패했다. 왜 그런 일이 자주 일어날까? 우리는 종종 유산(遺産)이나 환경이나 유전을 탓한다. 비록 그런 모든 요소들이 모양을 만들고 틀을 이루는 힘이 된다고 할지라도 그것들이 모든 것을 설명하지는 못한다.

　우리는 우리가 전념하는 바로 그 자체이다. 만일 당신이 무엇에 전념했는지를 내게 말해 준다면, 나는 당신이 어떤 사람인지를 말할 수 있다. 분명히 그것은 성경의 주제이기도 하다. 성경의 지도자들은 사람들에게 선택하라고 거듭거듭 말한다.

　모세는 죽기 전에 다섯 편의 설교를 했다. 그런 다음 그는 다음과 같이 말했다.
"내가 오늘날 천지를 불러서 너희에게 증거를 삼노라 내가 생명과 사망과 복과 저주를 네 앞에 두었은즉 너와 네 자손이 살기 위하여 생명을 택하고 네 하나님 여호와를 사랑하고 그 말씀을 순종하며 또 그에게 부종하라 그는 네 생명이시요 네 장수시니 여호와께서 네 열조 아브라함과 이삭과 야곱에게 주리라고 맹세하신 땅에 네가 거하리라"(신 30:19,20).

그날 모세의 말씀을 듣는 사람들 중에는 여호수아라는 장군이 서 있었다. 모세가 죽자 여호수아가 통치권을 받아, 하나님이 약속하신 땅으로 백성을 인도했다. 여호수아는 자신의 고별 설교를 할 때 이렇게 말했다.
"…너희 열조가 강 저편에서 섬기던 신(神)이든지 혹 너희의 거하는 땅 아모리 사람의 신이든지 너희 섬길 자를 오늘날 택하라 오직 나와 내 집은 여호와를 섬기겠노라"(수 24:15).

모세와 여호수아는 이스라엘 백성에게 택하라고 했고 또한 수세기 동안 설교자들도 그렇게 외쳐 왔다. 참으로 위대한 설교자들이 선택하라는 설교를 했다. 위대한 설교는 실천하라는 권고로 끝내는 것이라고 어떤 사람은 말했다. 효과적인 설교는 청중이 생각할 여지를 주지 않는다. 곧, 그것은 사람들로 결정을 내리게 한다. 예수께서는 급진적인 결정을 요구하시므로, 그분의 설교는 우리의 신경을 날카롭게 만든다.

어떤 사람들은 물이 새는 수도꼭지와 같은 문제가 있어서, 하나님이 그것을 고쳐 주시기를 바라기 때문에 기독교에 매료된다. 아마도 그들은 몹쓸 버릇을 고치려고 하나님의 능력을 빌리고 싶어할 것이다. 혹은 깨진 관계를 하나님이 회복시켜 주시기를 바랄지도 모른다. 그러나 그들은 하나님이 배관 수선공이 아니라는 사실을 산상수훈에서 배운다. 그들은 물이 새는 수도꼭지와 같은 문제들은 하나님께 별로 중요하지 않다는 것을 배운다. 하나님은 배관을 파괴하고 우물 자체를 다루기를 원하신다. 그분은 수도꼭지에서 나오는 것을 변화시키기를 원하신다. 그러나 우리가 진정으로 원하는 것은 큰 혁신이 아니라 작은 문제를 해결하는 것이다.

시력이 좋지 않아 고생을 하던 내 친구는 안경 처방을 바꿔 달라고 안과 의사를 찾아갔다. 그는 친구의 눈 뒤에 암(癌), 즉 흑색종이 있는 것을 발견하고는 그녀를 집으로 돌려보내려고 하지 않았다. 그는 친구를 입원시키고 암을 제거하고는 눈을 방사선으로 치료했다. 내 친구는 새 안경을 원했으나 결국은 큰 수술을 받았다.

그것이 바로 예수께서 하시는 일이다. 그분의 의(義)는 안경 처방이 아니다. 그분은 큰 수술을 하신다. 우리는 새 안경으로 그분의 의를 얻지 못한다. 우리는 중대한 수술을 받아야 한다. 예수께서는 물이 새는 수도꼭지가 아니라 우물을 다루신다.

예수께서는 칭찬을 받으려고 설교하시지 않았다. 그분은 결단을 요구하셨다. 그분은 두 문과 두 길과 두 나무와 두 기초를 묘사하셨다. 여행자들은 갈 길을 택해야 하고, 듣는 자들은 메시지를 택해야 하고, 건축하는 자는 기초를 택해야 한다. 그리스도의 메시지를 듣는 자들은 선택을 해야 한다.

### "좁다"는 것의 진정한 의미

마태복음 7장 13, 14절에서 예수께서는 좁은 문과 넓은 문, 좁은 길과 넓은 길이 그려져 있는 장면을 묘사하였다. 이 두 구절 배후에 있는 상징은 1세기 사람들이나 오늘날 근동에 사는 사람들에게는 익숙한 사실이었다. 고대 세계의 도시들은 대부분 성벽이 있었으며, 어떤 성벽은 전차가 지나다닐 정도로 넓었다. 그리고 성벽에는 문이 있었다. 예루살렘 성에는 열두 개의 문이 있었는데, 쌍방 통행이 가능할 정도로 넓었다. 사람들이 떼를 지어 사업과 장사를 하러 들락거렸다. 고대 세계에서 이 문들은 밤에는 닫혔다. 만일 도시가 공격을 받으면 침입자들을 막기 위해 문을 닫았다. 성문 곁에 또는 성문 자체에, 보초들이 아는 시민들이 밤에 출입할 수 있는 작은 문이 있었다. 이 문은 적들을 막는 한편, 시민들의 성 안 출입을 도왔다.

　예수께서는 이러한 상징을 염두에 두셨다. 이 비유에는 셋이 아니라 두 길과 두 문이 있다. 우리는 선택을 해야 한다. 만일 우리가 그분의 말씀에 귀를 기울여 왔다면 우리는 좁은 문으로 들어가서 좁은 길을 따라 여행해야 한다는 것을 안다. 사실, 그분은 우리에게 황금률을 말씀하신 직후에 그 말씀을 하셨다. 그분은 갑자기, 단호하게, 즉시 "들어가라"고 말씀하셨다. 이것은 명령이었다. 우리는 좁은 문으로 들어가서 좁은 길을 따라 여행해야 한다.

　이 말씀은 나를 조금 불안하게 한다. 나는 내 자신이 좁다고 생각하고 싶지 않다. 좁은 사람들은 편협한 시야를 가진 옹졸한 사람들처럼 살아간다. 그들은 삶에 여유가 없는 사람들이다. 그들은 자신의 작은 마을로써 온 세계를 가늠하는 우물 안 개구리와 같은 시골뜨기들이다. 그들은 뒤에 있는 담 너머를 보지 못하는 사람들이다. 나는 좁은 신앙을 가진 사람들을 이와 똑같이 생각한다. 그들은 자신들의 제한된 경험으로 모든 사람을 판단한다. 그들은 모든 사람들에게 세상의 잘못된 것을 말하지만 그들은 그보다 더 못하며 더 왜소할 뿐이다. 그러나 그들은 자신들 외에 모든 사람이 악하다고 생각한다. 그들은 삶과 하나님을 왜곡된 시각으로 본다.
　아니다. 나는 좁다는 평판을 원치 않는다. 그러나 어떤 의미에서 진리는 좁다.

　내가 성장할 때 나는 특히 산수를 잘하지 못했다. 우리는 보통 아침에 제일 먼저 산수를 공부했다. 나는 그 첫시간을 두려워했으므로 학교를 싫어했다. 나는 예닐곱 살 때 관대한 마음이 무엇인지를 알았지만, 나의 산수 선생님은 그렇지 않았다. 선생님과 그의 구구단은 3 곱하기 3은 9라고 했지만, 나는 그보다 더 확장된 산수 견해를 가지고 있었다. 나는 7이나 8이나 10이라고 기꺼이 대답했다. 숫자가 한둘 많거나 적다는 것이 왜 그리도 문제가 되는가? 그것이 내가 결코 셈을 하지 않는 이유이다. 하루가 저물 즈음이나 주말이나 분기 말에 5만원이 모자란다면, 나는 5만원을 더 집어넣고 그 일을 잊어버릴 것이다. 그러나 훌륭한 회계사는 그렇게 하지 않는다. 그들은 숫자에 대해 세밀하다.

세밀함은 산수와 회계를 지배할 뿐만 아니라 결혼 생활에도 필수적이다. 한 쌍의 남녀가 결혼할 때 그들은 선서를 한다. 목사로서 나는 그들이 그 관계의 온갖 시적 감흥을 느끼기를 바란다. 나는 그 관계가 성장하고 발전하는 것을 보기 원한다. 그래서 나는 이렇게 말한다.
"헨리, 당신은 아그네스를 합법적으로 결혼한 당신의 아내로 받아들이고 그녀를 평안하게 해 주고 소중히 여기며 그녀와 결합하고 다른 모든 여자를 버리고 그녀만을 사랑하겠습니까?"
그러면 헨리는 『예』라고 대답한다. 그것은 제한하는 것이다. 그는 세상 모든 여자 중에서 아그네스를 선택한다. 그는 그녀에게만 한정되는 서약을 한다.

우리 사회에서 어떤 사람들은 그런 제한을 싫어한다. 그들은 마음이 넓은 사람들이다. 그것이 바로 가정이 깨지고, 사람들이 그 파편에 상처를 입는 이유 중의 하나이다. 깊은 관계는 좁다는 사실을 그들은 이해하지 못했기 때문이다.

그 길은 좁고 그 문은 좁으며 진리는 좁고 하나님과 우리의 관계는 좁다. 예수님 당시에도 그런 협소함이 인기가 없었다. 사실 많은 사람들이 멸망으로 가는 고속도로로 몰려가므로, 예수께서는 생명으로 가는 좁은 길을 찾는 자는 매우 적다고 말씀하셨다. 다른 말로 하면, 우리는 다수의 의견을 견본으로 하여 옳은 길을 찾지는 못한다. 사람들은 좁은 문으로 들어가는 사람을 칭찬하지 않는다.

  이러한 사실 때문에 우리는 당황할 수 있다. 우리는 우리가 가는 길을 옳게 생각하는 사람들에게 둘러싸일 때 자신감을 얻는다. 마찬가지로 우리는 우리 믿음을 가지고 홀로 설 때 자신감을 상실한다. 어떤 사람들은 다른 사람들보다 더 작은 무리를 좋아할지라도, 우리는 모두 똑같은 생각을 가진 사람들과 함께 있다는 생각을 마음의 위안으로 삼기를 좋아한다. 이것은 '유유상종 증후군'이다.

  나는 학술 연구 모임에서 유일한 그리스도인이 되어 연사들이 기독교 신앙에 대해 퍼붓는 경박한 공격의 말을 듣게 되는 것이 싫다. 사실, 나는 비행기에서 내 곁에 앉아서 "당신은 나를 놀리시는군요. 당신은 그것을 믿지 않지요. 그렇죠?"라고 말하는 사업가에게 증거하는 것을 옳은 일이라고 생각하지 않는다. 나는 그런 것을 아주 싫어한다. 나는 승리한 사람들과 놀기를 좋아한다. 나는 챔피언을 성원하고 싶다. 나는 혼자서는 마음이 편치 않다. 사람들에게 하나님께로 가는 길은 하나뿐, 오직 예수 그리스도를 통하는 것뿐이라고 말할 때, 사람들이 내가 편협한 견해를 가졌다고 놀리는 것을 나는 좋아하지 않는다.

  우리는 다수에게 여론 조사를 하여 도덕성을 정의하므로, 우리 사회는 갈기갈기 찢어지고 있다. 만일 우리가 군중을 조사함으로써 진리를 찾을 수 있다고 기대한다면, 우리는 결국 환멸감을 느낄 뿐이다. 왜냐하면 군중은 계속 잘못된 방향으로 가고 있기 때문이다. 군중과 동행한다는 것은 진정으로 중요한 것을 결정하는 방법이 되지 못한다.

교부 아타나시우스(Athanasius)의 시대에는 그리스도의 신성(神性)에 대한, 즉 예수 그리스도가 하나님인가 아닌가 하는 중대한 교리 논쟁이 있었다. 이 문제로 교회는 거의 분열되었다. 오늘날 정통 그리스도인들은 아타나시우스가 성경에 정통하다고 믿지만, 그 당시에 그는 혼자나 마찬가지였다. 사람들은 그에게 "아타나시우스, 포기하시오. 세상이 당신을 반대하고 있소"라고 말했다. 이에 아타나시우스는 다음과 같이 대답했다.
"그렇다면 세상을 반대하는 사람은 아타나시우스밖에 없군요."

우리는 중요한 결정을 할 때 그 결정으로 인기를 얻을 것인지 아닌지를 생각하지 말고 결정을 해야 한다. 만일 인기가 우리의 최대 관심사라면, 우리는 하나님의 인정하심보다는 사람들의 칭찬을 받으려고 살았던 바리새인들과 똑같은 사람들이다.

예수께서는 우리에게 경고하시기를, 그분이 우리에게 요구하시는 삶은 핍박을 불러온다고 하셨다. 사람들은 우리들을 욕하고 우리를 이상하게 여겨 쫓아낼 것이다. 혹은 우리의 의를 과시한다고 우리를 비난할 것이다. 사람들은 자신들의 생활 방식이 잘못되었다는 것을 보여 주는 생활 방식을 가진 사람들을 친구로 삼지 않는다. 어둠 가운데에 사는 사람들은 빛이 자신들의 실상을 드러내는 것을 싫어할 것이다. 그리고 그들은 자신들의 더러운 것을 깨끗하게 하기보다는 오히려 그 빛을 없애려고 애쓸 것이다.

만일 우리가 좁아지거나 인기를 잃어버리기를 싫어한다면, 어찌 좁은 길을 택하겠는가? 우리가 목적지를 고려해서 길을 선택하는 것처럼, 좁은 길을 선택할 때도 마찬가지로 그렇게 한다. 알렉산더 맥카트니(Alexander McCartney)가 말한 것처럼 "길을 선택하는 데 중요한 것은 그 길이 어디로 향하는가 하는 것이다."

　예수께서는 넓은 길이 멸망으로 인도한다고 말씀하셨다. 그 길은 여행하기 좋은 8차선의 고속도로일 수도 있고 길 가에는 아름다운 풍경과 호화로운 숙박 시설이 있을 수도 있다. 또 그 길에는 패인 구덩이가 없을지도 모른다. 그러나 예수께서는 그 길이 멸망으로 끝난다고 말씀하셨다. 만일 우리가 군중으로 우리의 방향을 결정하게 한다면, 우리는 그들과 함께 멸망할 것이다. 우리가 옳은 길로 향하고 있는지 아닌지를 결정하는 것은 길의 상태가 아니라 그 길의 목적지이다.

　여러 해 전 내 아들 토레이와 나는 높이 4,200여 미터의 프린스톤 산 정상에 올라가기로 결정했다. 뉴욕 태생의 나는 결코 지프차를 몰거나 산길을 타 본 적이 없었다. 나는 울퉁불퉁한 길에 익숙치 않아서 마치 낭떠러지로 곤두박질칠 것만 같은 느낌이 들었다. 한 굽이를 돌 때마다 나는 굽이치는 산길을 따라가지 않고 시속 70킬로미터로 달릴 수 있는 고속도로를 타고 가고 싶었다. 그러나 고속도로는 프린스톤 산 정상으로 가는 길이 아니다. 산 정상에 이르려면 오로지 지프차를 타고 U자형 커브가 반복되는 산길을 따라갈 수밖에 없었다.

　이와 마찬가지로 예수께서는 오직 한 길만이 생명으로 인도하며, 그 길은 여행하기에 좋은 넓은 길이 아니라고 말씀하셨다. 그러나 우리는 편안하고 쉽게 갈 수 있기 때문이 아니라 그 목적지 때문에 그 길을 선택한다. 그리고 그렇게 할 때, 우리는 좁은 길을 가는 사람들은 편협한 사람들이 아니라는 사실을 알게 된다.

　사실, 그들은 편협한 사람들이 아니라 마음이 넓어서 동정을 베푸는 사람들이다. 그들은 다른 사람들이 자기들에게 해 주기를 바라는 대로 먼저 그들에게 베푼다. 그들은 자신들을 이용하는 심술궂은 자들에게 선을 행하며, 자신들을 핍박하는 자들을 위해 기도한다. 그들은 가족과 친구 뿐만 아니라 적에게도 관심을 갖는다.

또한 그들은 큰 목적을 가지고 있다. 그들은 또다른 한 왕과 나라에 충성을 맹세했다. "이름이 거룩히 여김을 받으시오며 나라이 임하옵시며 뜻이 하늘에서 이룬 것같이 땅에서도 이루어지이다"라고 그들은 정기적으로 기도한다. 그들의 목적은 자신들의 관심사에만 국한되지 않는다. 그들은 집이나 땅이나 은행 구좌에 자신들의 삶을 걸지 않는다. 그들은 영원한 것을 의식하며 산다. 그들은 썩어 없어질 것을 취하여 영원한 보물로 바꾼다. 그들의 목적은 좁지 않다.

또한 그들은 큰 소망을 가진다. 내가 주로 실망하는 것은 많은 일을 하고 싶지만 그렇게 할 시간이 없다는 것이다. 때때로 나는 거울을 보면서 "그처럼 늙은 몸으로 젊은 사람처럼 무슨 일을 하고 있는가?" 하고 자문한다. 우리 모든 사람의 인생은 흔히 큰 소리를 내기보다는 작은 소리를 냄으로써 끝이 난다.

그러나 만일 우리가 좁은 길을 가고 있다면 우리의 목적지는 생명이다. 죽음은 그 길의 끝이 아니라 굽이이다. 죽음은 마침표가 아니라 쉼표이다. 우리에게 가장 좋은 것이 올 것이다. 우리는 우리가 꿈꾸는 것 이상의 일을 하고 그 이상의 사람이 될 것이다.

**그렇다. 좁은 문을 선택하고 좁은 길을 가는 사람들은 편협한 사람들이 아니다. 예수 그리스도와 동행함으로써 우리는 모든 인류만큼 넓은 동정심을 가지게 되고 하늘만큼 큰 목적과 영원한 소망을 가지게 된다.**

그러나 이 길을 가려면 우리는 선택을 해야 한다. 우리는 우연히 이 길로 들어설 수 없다. 어느 날 아침에 깨어났더니 우리가 그리스도의 제자가 되어 있더라는 말은 있을 수 없다. 우리가 하나님 앞에서 영적으로 파산한 자이며 필사적으로 의(義)에 주리고 목마르다는 사실을 깨달을 때만 그리스도인이 된다. 우리는 의를 스스로 이룰 수 없다는 사실을 깨닫고, 우리 자신을 과감히 버리고 하나님의 은혜에 맡긴다. 하나님이 우리를 긍휼히 여기는 자가 되게 하시고 화평케 하는 자가 되게 하고 마음이 청결한 자가 되게 하실 것이며, 이로써 우리를 사회에서 하나님의 자녀로 나타나게 하실 것임을 우리는 안다.

우리의 청교도 선조들은 우리가 오늘날 사용하는 복음 전도 방법, 곧 등록 카드를 작성하게 하고 손을 들어 응답하고 강대상 앞으로 나아가게 하는 것과 같은 방법으로는 별로 감동을 받지 않을 것이다. 그들은 하나님과 맺은 계약을 강조했다. 사실, 그들은 사람들이 사업상 계약서를 쓰는 것처럼 하나님과 맺는 계약 내용을 쓰라고 그들에게 권했다. 그들은 새 왕, 새 시민권에 충성을 맹세했다. 그들은 자신들에 대한 권리를 포기하고 하나님과 그분의 일과 그분의 나라에 자신들을 헌신했다. 징집된 군인들처럼 그들은 자신들과 자신들의 시간에 대한 권리를 포기했다. 계약서를 쓴 후 그들은 서명하고 봉인하여 계약을 이행했을 것이다. 이것이 합당한 태도이다.

찰스 콜슨(Charles Colson)은 『중생』(*Born Again*)이란 저서에서, 자신이 루이스(C.S. Lewis)의 『단순한 기독교』(*Mere Christianity*)를 펼쳤을 때의 느낌을 다음과 같이 기록했다.
"이제 나는 「하나님은 존재하시는가?」라는 질문에 「그렇다」고 하는 내용을 기록한 전도지를 두 페이지에 걸쳐 내 책에 진술했다."

콜슨은 루이스가 쓴 힘 있는 내용의 소책자를 읽으면 읽을수록 하나님께로 더 가까이 나아갔다.

"나에게 때가 왔다는 것을 알았다. 나는 루이스(또는 하나님)가 내 앞에 정면으로 제시한 핵심적인 질문을 회피할 수 없었다. 나는 예수 그리스도를 내 생명의 주님으로 아무 조건 없이 영접하는가? 그것은 내 앞에 있는 문과 같았다. 그 문을 우회할 길은 없었다. 나는 그 문 안으로 걸어들어가든지 아니면 문 밖에 남아 있든지 해야 했다."

# 제12장

# 참 선지자와 거짓 선지자의 구별

"거짓 선지자들을 삼가라 양의 옷을 입고 너희에게 나아오나 속에는 노략질하는 이리라 그의 열매로 그들을 알지니 가시나무에서 포도를, 또는 엉겅퀴에서 무화과를 따겠느냐 이와 같이 좋은 나무마다 아름다운 열매를 맺고 못된 나무가 나쁜 열매를 맺나니 좋은 나무가 나쁜 열매를 맺을 수 없고 못된 나무가 아름다운 열매를 맺을 수 없느니라 아름다운 열매를 맺지 아니하는 나무마다 찍혀 불에 던지우느니라 이러므로 그의 열매로 그들을 알리라 나더러 주여 주여 하는 자마다 천국에 다 들어갈 것이 아니요 다만 하늘에 계신 내 아버지의 뜻대로 행하는 자라야 들어가리라 그날에 많은 사람이 나더러 이르되 주여 주여 우리가 주의 이름으로 선지자 노릇 하며 주의 이름으로 귀신을 쫓아내며 주의 이름으로 많은 권능을 행치 아니하였나이까 하리니 그때에 내가 저희에게 밝히 말하되 내가 너희를 도무지 알지 못하니 불법을 행하는 자들아 내게서 떠나가라 하리라"(마 7:15~23).

여러 해 전에 암스텔담에 있는 메트로폴리탄 미술 박물관은 값을 매길 수 없을 정도로 귀한 원작 그림 몇 편을 복제화 옆에 전시하고, 얼마나 많은 관람객들이 원작과 모조 그림을 구별하는지를 알아보기 위한 대회를 열었다. 그 대회에 참가한 1,827명의 사람들 중에서 겨우 일곱 명만이 모조 그림과 원작품을 구별할 수 있었다.

선지자들도 그림과 마찬가지이다. 현대인들은 자신들의 감각을 믿는다. 그러므로 만일 어떤 생물이 오리를 닮았고 오리처럼 뒤뚱거리면서 걷고 오리처럼 꽥꽥 소리를 낸다면, 우리는 그것을 진짜 오리라고 믿는다. 일반적으로 그것이 사실이지만 늘 그렇지만은 않다. 만일 양처럼 생긴 짐승이 양처럼 음매하고 울고 그 몸이 털로 덮혔다면, 그것은 양일지 모르지만 반드시 그런 것은 아니다. 그것은 영리한 이리일 수도 있다.

## 참 선지자와 거짓 선지자의 구별 기준이 아닌 것

양의 옷을 입은 이리처럼 참 선지자와 거짓 선지자는 많은 공통점을 가지고 있다. 우리가 보통 참 선지자와 관련시키는 많은 특성들이 우리를 오류에 빠지게 할 수도 있다.

### 첫째 / 그들이 입은 옷

그들은 성직자 예복 혹은 카속(검정빛의 사제복)을 입을 수도 있고 안 입을 수도 있다. 또 목에 십자가 목걸이를 할 수도 있고 안 할 수도 있다. 정장 차림을 하거나 성경을 가지고 다니는 문제도 마찬가지이다. 그들은 특정 기독교 교파의 위임을 받았을지도 모른다. 그들은 목회를 한다는 온갖 신용장들을 뽐낼지도 모른다. 그러나 그들이 진짜 소명을 받았다는 징표를 보일지라도, 그들은 거짓 선지자일 수 있다.

### 둘째 / 그들이 행하는 기적

예수께서는 이렇게 말씀하셨다.

"그 날에 많은 사람이 나더러 이르되 주여 주여 우리가 주의 이름으로 선지자 노릇 하며 주의 이름으로 귀신을 쫓아내며 주의 이름으로 많은 권능을 행치 아니하였나이까 하리니 그때에 내가 저희에게 밝히 말하되 내가 너희를 도무지 알지 못하니 불법을 행하는 자들아 내게서 떠나가라 하리라"(7:22,23).

참 선지자들과 마찬가지로 거짓 선지자들도 분명히 귀신을 내쫓으며 영적인 권능을 보이며 기적을 행한다. 다른 제자들과 함께 유다도 지옥의 권세를 이기는 권능이 있었다. 그리고 예수께서는 말세에 관해 이렇게 말씀하셨다.

"그때에 사람이 너희에게 말하되 보라 그리스도가 여기 있다 혹 저기 있다 하여도 믿지 말라 거짓 그리스도들과 거짓 선지자들이 일어나 큰 표적과 기사를 보이어 할 수만 있으면 택하신 자들도 미혹하게 하리라"(마 24:23,24).

어떤 사람이 병자들을 고친다고 해서 그가 참 선지자라는 의미는 아니다. 우리는 그들이 행하는 기적으로 진짜 선지자들을 구별할 수 없다.

### 셋째 / 그들이 사용하는 종교적인 어휘

예수께서 언급하신 거짓 선지자들은 그분의 이름으로 자신들의 모든 기적을 행하였다. 사실, "주의 이름으로"라는 문구는 22절에서 세 번이나 반복되고 있다. "주여 주여"라고 하는 말은 그들이 사용한 종교적인 어휘의 중요한 부분이었다. 그러나 그들은 남의 이름을 사칭(詐稱)하는 자들이었다. 예수께서는 그런 자들에게 "내가 너희를 도무지 알지 못하니"라고 말씀하실 것이다.

참 선지자들은 예수님의 이름으로 목회 사역을 하지만 거짓 선지자들도 그런 말들을 사용하는 법을 안다. 방송에 나오는 설교자가 예수님의 이름을 말한다고 해서 그가 반드시 하나님의 선지자인 것은 아니다. 그는 잘못된 메시지를 받아들이게 하려고 옳은 단어들을 사용하는, 다른 권세의 선지자일 수 있다. 역사적으로 이단들이 잘못된 교리를 교회 안으로 침투시키는 데 사용한 한 가지 방법은, 정통적인 낱말을 쓰되 거기에 전혀 다른 의미를 담아서 사용하는 것이었다. 고의로 그렇게 하는 경우가 종종 있으나 항상 그런 것은 아니다. 일부 거짓 선지자들은 자신들이 옳다고 정말로 믿는다. 우리는 그들이 사용하는 어휘로 거짓 선지자들과 참 선지자들을 구별할 수 없다.

### 넷째 / 그들이 나타내는 성실한 모습

거짓 선지자들이라고 해서 다 자기 주머니를 채우기 위해 종교적인 메시지를 이용하는 사기꾼들은 아니다. 거짓 선지자들 중에도 헌신적인 사람들이 꽤 많다. 그들은 교회를 세우고 헌금을 모으고 훌륭한 설교를 하고 신실한 방법으로 모든 일을 행한다. 사실 그들은 매우 신실하고 유능하므로, 하나님 앞에 설 때 자신들이 대표한다고 생각한 하나님이 그들을 전혀 모른다는 사실을 발견하고는 심한 충격을 받을 것이다.

이처럼 거짓 선지자와 참 선지자를 구별하기는 어렵다. 그것은 원품과 모조품을 구별하기 힘든 것과 같다. 우리는 그들이 입은 옷이나 그들이 행하는 사역이나 그들이 사용하는 어휘나 심지어 그들의 신실함으로도 그들을 구별할 수 없다.

### 참 선지자와 거짓 선지자를 구별하는 방법

그렇다면 우리는 어떻게 하나님의 선지자들을 구별할 것인가?

우리는 어떻게 거짓 선지자와 참 선지자를 구별할 것인가? 예수께서는 그런 질문에 두 번 대답하셨다. 16절에서 "그의 열매로 그들을 알리라"고 말씀하셨고, 20절에서 다시 말씀하셨다.

우리는 보통 이 구절을 덕행(德行)에 적용한다. 즉, 사람들의 삶의 모습과 선한 행실을 보면 그 사람이 선한 사람인지 아닌지 알 수 있다는 의미로 예수께서 말씀하셨다고 생각한다. 그러나 산상수훈의 많은 부분을 연구한 이 시점에서, 우리는 그것이 예수께서 가르치고자 하신 바가 아니라는 것을 알 수 있다. 사실 예수께서 거짓 선지자라고 분류하신 자들, 곧 바리새인들과 서기관들은 모든 경건한 규율과 규례를 지켰다. 만일 "열매"가 선행과 동일한 뜻이라면, 바리새인들은 의(義)의 훈장을 받을 자격이 있는 첫번째 사람들일 것이다.

세상의 교양 있는 많은 사람들은 선행을 하면서도 그리스도인인 체하지 않는다. 그리고 도덕적인 삶을 사는 많은 사람들의 일과표에는 신앙을 위한 시간이 없다. 그렇다. 우리는 단순히 선지자들의 행동 특성을 조사함으로써 그들의 진정성(眞正性)을 알 수는 없다. 그렇다면 무엇으로 참 선지자임을 알 수 있는가?

**첫째로, 그들의 가르침이 하나님의 말씀과 부합하는가?**
오렌지나무의 열매는 오렌지이고 사과나무의 열매는 사과이며 포도나무의 열매는 포도이다. 그리고 선지자의 열매는 예언이다. 선지자를 구별할 수 있는 가장 중요한 기준은 '그가 전하는 가르침이 하나님의 말씀과 부합하는가 않는가'이다. 선지자의 말씀이 예수께서 산상수훈에서 설교하신 말씀과 일치하는가?

구약 전체에서 선지자를 구별하는 기준은 미래를 예언할 수 있는 그의 능력에 있지 않았다. 그리고 그것은 회중을 책망하는 것과도 아무 관계가 없었다. 오늘날 어떤 사람이 "그에게는 예언의 메시지가 있다"고 말할 때, 그 말은 보통 그가 경건한 호통을 하고 세상과 교회를 격렬하게 비판한다는 의미이다.

선지자를 구별하는 기준은, 항상 그가 정확하게 하나님을 대변하는가 그렇지 않은가였다.

참 선지자는 예수께서 가르치신 것을 가르친다. 그분은 우리가 심령이 가난한 상태로 하나님 앞에 서야 하며, 우리는 하나님과 함께 설 권리를 얻기 위해 하나님께 드릴 것이 아무 것도 없다고 우리에게 말씀하신다. 그분은 우리에게 행동을 가다듬고 착실하게 살며 생활을 일신(一新)하라고 말씀하시지 않는다. 그분은 단순히 도덕적인 행동을 취하라고도 권하시지 않는다. 참 선지자는 우리 내면 깊은 곳에 근본적으로 잘못된 것이 있다고 설교한다. 그것이 바로 예수께서 "마음이 가난한 자는 복이 있나니 천국이 저희 것임이요"라는 말씀으로 산상수훈을 시작하신 이유이다. 참 선지자는 우리에게 우리 삶 속에 있는 죄의 깊이를 깨닫게 한다. 그리고 이러한 깨달음이 있을 때 우리는 우리 죄에 대해 애통하는 마음을 가지게 된다.
"애통하는 자는 복이 있나니 저희가 위로를 받을 것임이요."
이 애통함은 의(義)를 갈망하게 한다.
"의에 주리고 목마른 자는 복이 있나니 저희가 배부를 것임이요."

참 선지자는 우리에게 일련의 규례와 규정을 잘 지키라고 말하지 않는다. 그는 우리에게 옷 입는 법과 머리 모양에 대해 말하지 않는다. 참 선지자는 우리의 내면을 다룬다. 그들은 우리가 하나님 앞에서 어떤 존재인지를 깨닫게 해 준다. 그러므로 우리는 구제할 때나 금식할 때나 기도할 때나 예배를 드릴 때, 우리 자신이나 목사님이나 집사님이나 우리 배우자를 감동시키기 위해 그것을 하지 않는다. 우리는 본보기가 되려고 그렇게 하지 않는다. 우리가 그런 일을 행하는 이유는, 은밀히 보시는 우리 아버지께서 우리에게 상을 주실 것이기 때문이다. 참 선지자는 우리가 하나님의 인정을 받는 것에 관심을 기울이게 한다.

그분의 의(義)는 우리에게 그분과의 관계를 갖게 해 줄 뿐만 아니라 다른 사람들과도 사랑의 관계, 깨끗한 마음에서 나오는 관계를 갖게 해 준다. 우리는 분노와 살인은 별 차이가 없다는 것을 깨닫게 된다. 풀리지 않은 분노의 씨가 자라나 살인이라는 잡초가 될 수 있다. 음욕은 불타올라서 부도덕한 행실이 되고 이혼을 하게 하며 가정을 파괴하고 인간 관계들을 산산히 깨뜨릴 수 있다.

우리의 삶 속에서 작용하는 하나님의 의(義)는 완전함에 대한 참된 관심을 갖게 한다. 우리의 약속들은 명철한 법률가들이 작성한 계약서에 달려 있지 않다. 우리는 하나님을 기쁘시게 하기를 원하므로 정직하게 거래한다. 그리고 정직하게 행할 때 우리는 자비를 베풀며 마음이 청결해지며 화평케 하는 자가 된다.

성경의 메시지는 자아상이나 자립(自立)이나 성공이나 돈을 버는 것이나 이기는 것이나 건강을 유지하는 것과는 상관이 없다. **성경의 진리는 하나님 앞에서 우리의 죄인됨과 하나님 앞에서 의롭게 되는 것과 관계가 있으며, 그것은 이 설교를 하신 예수 그리스도께서 오셔서 죽으심으로써 이루어졌다. 그분은 우리의 모든 죄에 대한 값을 치르셨다.**

세상에는 궁극적으로 두 종류의 종교가 있다. 첫째는 우리가 성취해야 하는 종류의 종교이고, 둘째는 우리를 사로잡는 종교이다. 우리가 이루어야 하는 종교, 곧 우리의 힘과 결단과 열심에 달려 있는 종교는 거짓 선지자들의 종교이다. 성경의 종교는 우리를 사로잡는다. 그것은 그리스도가 우리를 의롭다고 선포하시기 위해 행하신 일에 달려 있다.

예수께서 경계하신 거짓 선지자들을 조심하라. 그들은 현재 우리 사회에도 있다. 또한 그들은 1900년 전 그곳에도 있었다. 우리는 그들을 라디오에서 듣거나 텔레비전에서 보거나 교회 앞에서 볼 수 있다. 우리는 그들이 사용하는 어휘나 그들의 효과적인 목회 사역이나 그들의 신실함으로 거짓 선지자들을 알 수 없다. 오직 그들의 예언, 그들의 열매로 분별할 수 있을 뿐이다.

**둘째로, 그들의 삶이 그들이 설교하는 하나님의 말씀에 부합되는가?**
심판날에 사람들은 자신들의 대부분의 행동이 하나님의 기준을 넘을 것이라고 기대할 것이다. 그러나 그들은 결코 하나님의 기준에 미치지 못할 것이다. 종교적인 활동에 관여했고 올바른 온갖 종교 어휘를 배웠고 선교 활동을 했고 순회 설교를 한 사람들이 예수 그리스도로부터 다음과 같은 말을 들을 것이다.
"내가 너희를 도무지 알지 못하니 불법을 행하는 자들아 내게서 떠나가라."

영혼은 잃어버리기 쉽다. 우리가 귀를 기울이는 사람과 우리가 지켜보는 사람과 우리가 읽는 바를 주의하는 것이 좋다. 순한 양같이 보이는 어떤 사람들은 노략질하는 이리일 수도 있으니까 말이다.

엘머 갠트리(Elmer Gantry)는 소설에 나오는 전형적인 유명한 사기꾼이었다. 싱클레어 루이스(Sinclair Lewis)가 1927년에 소설을 썼을 때, 많은 그리스도인들이 그가 부패한 전도자의 이야기를 선정적으로 다루었다고 생각했다. 유감스럽게도 루이스는 신통치 않은 예언자였음이 증명되었다. 엘머 갠트리는 수많은 현대 설교자 중의 한 사람을 대신할 수 있었다.

갠트리는 부도덕과 사기와 위선의 혐의가 있었지만, 결국 그 책의 마지막 장면에서 자신을 고소한 자들을 반박하며 자기 교인들을 만났다.

계획한 바는 아니었는데, 엘머가 강단에 무릎을 꿇고 그들의 손을 잡고 흐느껴 울자 그들도 모두 그와 함께 무릎을 꿇고 기도를 했다. 한편 잠긴 교회의 유리문 밖에 있던 수많은 사람들은 안에 있는 교인들이 무릎을 꿇는 것을 보고서 자신들도 교회 계단과 인도(人道)와 그 거리에 전부 무릎을 꿇었다.

"오, 교우 여러분!" 하고 엘머가 외쳤다.

"여러분은 저의 결백과 저를 고소한 자들의 악함을 믿으십니까? 저를 믿으시면 할렐루야로 화답하십시오!"

그 교회는 승리의 할렐루야로 울려퍼졌다….

이처럼 오늘날 수많은 신자들이 속고 있다. 그러나 예수님 자신은 그 군중 가운데 계시지 않는다.

# 제13장

# 우리 삶의 기초를 어디에 두고 있는가?

"그러므로 누구든지 나의 이 말을 듣고 행하는 자는 그 집을 반석 위에 지은 지혜로운 사람 같으리니 비가 내리고 창수가 나고 바람이 불어 그 집에 부딪히되 무너지지 아니하나니 이는 주초를 반석 위에 놓은 연고요 나의 이 말을 듣고 행치 아니하는 자는 그 집을 모래 위에 지은 어리석은 사람 같으리니 비가 내리고 창수가 나고 바람이 불어 그 집에 부딪히매 무너져 그 무너짐이 심하니라 예수께서 이 말씀을 마치시매 무리들이 그 가르치심에 놀래니"(마 7:24~28).

**25**년 전 나는 달라스의 한 주택 건설업자 친구와 대화를 나눈 적이 있는데, 그는 자기 신념을 사업에 효율적으로 이용하고자 했다. 내 친구는 기초가 튼튼하고 벽이 견실하며 좋은 단열재를 쓴 좋은 집을 건축하는 것이 중요하다고 믿었다. 그는 주택을 구입하는 사람이 볼 수 없는 세세한 것들에 주의를 기울였다. 그러나 다른 건축업자들은 우량 가옥을 건축하는 것보다는 거래에 더 관심이 있었으므로, 내 친구는 경쟁에 밀리고 있었다. 그의 경쟁자들은 주택을 구입하러 오는 부부들이 주로 외형, 곧 실내 장식품과 치장들에 관심을 갖는다는 사실을 알았다. 이러한 상황은 정직한 건축업자에게는 불리한 것이었다. 그가 기초에 더 신경을 쓰고 벽과 고미다락에 단열재를 넣는다면, 결과적으로 그는 많은 장식물을 설치하는 데에 돈을 투자하지 못한다. 장식물에 돈을 투자하면 집 값을 올려야 한다.

그를 가장 괴롭힌 것은 집을 사는 사람들이 보이지 않는 것에는 관심이 없다는 것이었다. 그들은 단지 몇 년간 그 집에서 살 것으로 생각했으므로 그들에게 더 중요한 것은 질(質)이 아니라 외형이었다.

내 친구는 주택 건설 사업을 그만두고 부동산 중개업에 열중함으로써 자신의 문제를 해결했다. 그곳을 찾는 구매자들은 기초와 벽과 지붕에 무슨 재료를 사용했는지에 더 관심이 있었다.

몇 년 전 나는 달라스로 돌아가서 내 친구가 주택을 건설하려고 했던 곳 근처를 지나가게 되었다. 그곳은 마치 빈민굴처럼 보였다. 우리가 보이지 않는 것에 주의를 기울이지 않으면, 감추인 것이 드러날 때가 온다.

## 두 건축가의 비유

산상수훈의 결론 부분에서 예수께서는 좋은 집을 짓는 것에 대한 관심을 보이셨다. 그것은 놀라운 일이 아니다. 왜냐하면 그분은 목수이셨기 때문이다.

나사렛에서 요셉과 그의 아들들로 이루어진 목공소의 일원으로서 그분은 사람들이 집에 들여놓을 가구를 만드시고 아마도 집도 몇 채 지으셨을 것이다. 예수께서는 기초가 튼튼한 집과 약한 집의 차이를 아셨다. 그러므로 산상수훈 끝부분에서 이 목수-설교자는 지혜로운 건축업자와 어리석은 건축업자에 관하여 말씀하신 것이다.

예수께서는 산상수훈의 마지막 예화에서 집을 짓는 두 사람에 대해 말씀하셨다. 그 건축업자들은 몇 가지 공통점이 있었다.

우선, 두 사람은 영구한 집을 짓고 있었다. 그들은 연장을 보관하는 헛간이나 천막을 만드는 것이 아니었다. 그들은 정착해서 가족을 부양하고 그들 자녀들에게 물려줄 집을 지으려 했다.

또 그들은 아마도 비슷한 주택을 짓고 있었을 것이다. 예수께서는 결코 설계상의 어떤 차이를 강조하지 않으셨다. 우리는 모두 그들이 똑같은 설계도, 곧 창문과 굴뚝과 현관과 문을 세울 똑같은 도면을 사용했을 것이라는 사실을 알고 있다. 그들은 약간 다른 위치로 집을 지었을 테지만, 예수께서 말씀하신 의도에 따르면 두 건물은 똑같은 것이었을 것이다. 일반인이 보기에는 아무런 차이가 없었을 것이다. 그 두 집은 똑같아 보였다. 무심코 보는 사람은 두 집의 기초가 서로 다르다는 것을 알 수 없었을 것이다. 그 차이는 명확하게 보이는 것은 아니었지만 근본적인 것이었다.

한 사람은 자기 집을 반석 위에 지었고, 다른 사람은 모래 위에 지었다. 이것은 부조리극(1950년대에 프랑스를 중심으로 일어난 전위극 및 그 영향을 강하게 받은 연극-편집자 주)의 한 장면 같다. 모래 위에 집을 세울 그런 어리석은 사람이 있으리라고는 상상하기 어려운 일이다. 그러나 여기서의 묘사는 그리 어리석어 보이지 않는다. 초여름에 팔레스틴이나 미국의 여러 지역은 집을 짓기 좋은 곳처럼 보인다. 그 땅은 부드럽고 경치는 웅장하며 태양 빛에 익은 모래 땅은 살기에 좋은 곳처럼 보인다.

게다가 모래 위에 집을 짓는 것은 힘이 적게 든다. 바위를 파는 데는 더 많은 땀과 시간이 필요하다. 모래 위에 집을 세우는 것은 명백히 이점이 있으며, 그것이 바로 오늘날 사람들이 모래 위에 집을 짓는 이유이다. 미국 서부 해안 지역의 사람들은 단층(斷層) 위나 옆에 집을 짓는다. 어떤 사람들은 태평양이 내려다보이는 절벽 위에 집을 짓는다. 그들은 멋진 일몰 광경을 본다. 그러나 태풍이 불면 그 집 밑에 있는 지반은 침식당한다. 그리고 그런 사치스러운 집들 중에 일부는 언덕 아래로 무너져내린다. 어떤 집들은 사실 태평양으로 침수된다. 그와 같은 재난이 있은 후에도 어떤 사람들은 여전히 경사진 산비탈에 집을 건축하는 것을 고집한다.

예수께서 말씀하셨듯이, 태풍이 똑같은 것처럼 보이는 집들의 차이점을 드러낸다. 억수 같은 비는 기초의 견고함을 드러내고, 바람은 우리가 지은 집의 강도(强度)를 시험한다.

산상수훈을 다시 훑어보면, 예수께서는 외형에 관심을 기울이시지 않았다는 것을 상기하게 된다. 겉모습은 속일 수 있다. 예수님이 앞에서 하신 이야기 중에서 양의 옷을 입은 이리들을 경계하라는 말씀이 있다. 거짓 선지자들과 참 선지자들 또한 서로 비슷하다. 그들은 똑같은 말을 하고 똑같은 옷을 입고 똑같은 사역을 한다. 근본적인 차이는 그들의 예언이다.

스탠포드 대학교가 설립되었을 때, 그 대학교 내에는 로마 개선문과 같은 큰 아치가 있었다. 그 대학교는 레란드 스탠포드(Leland Standford)를 기념하여 건립되었는데, 그는 그 대학교를 설립하는 데에 엄청난 돈을 기부하였다. 그 아치는 매우 크고 튼튼하고 찬란하게 세워져서 영원히 서 있을 것처럼 보였다. 그러나 지진이 났을 때 그 아치는 무너져 폐허가 되었다. 분명히 건축업자는 돈을 좀 절약하려고 했을 것이다. 단단한 바위로 그 아치를 만들고 가능한 한 기초를 깊게 판 것이 아니라 암반이 단단하지 못한 분괴층(分壞層) 위에 그 아치를 세웠다. 지진은 그 건축업자가 지반을 잘못 선택했다는 사실을 드러내었다.

분명히, 예수께서는 건축 사업에 관하여 말씀하려고 하신 것은 아니다. 혹은 건축하는 법에 대한 가르침을 주려고 하신 것도 아니다. 그분은 삶을 사는 방법에 관한 교훈을 주시려고 집을 예로 드셨다. 우리의 삶을 묘사하기 위해 다른 많은 비유를 사용할 수도 있겠지만, 예수께서는 집을 건축하는 비유를 택하셨다. 우리의 삶은 집과 유사하다. 모든 사람이 각자 어떤 종류의 집을 짓고 있다. 그러나 우리의 삶은 벽돌과 나무, 못과 시멘트 반죽으로 이루어지지는 않는다. 우리는 모두 우리 삶을 지탱하는 기초를 가지고 있다. 그 위에 우리는 무엇인가를 세운다. 그 기초는 불안정한 모래이거나 단단한 반석일 것이다.

어떤 사람들은 자신들의 삶을 재산 위에 세운다. 즉, 자신들이 얼마나 많은 재산을 소유했는가를 본다. 어떤 사람들은 열정, 곧 욕망의 만족도에 자신들의 삶을 세운다. 어떤 사람들은 지위, 곧 자신들이 지닌 직업과 직책 위에 삶을 세운다. 그리고 어떤 사람들은 영원한 것 위에 삶을 세운다.

 우리는 모두 어떤 계획, 어떤 설계에 따라서 삶을 세우고 있다. 우리는 마구잡이로 세우지는 않는다. 우리는 모두 세계관이 있고 철학이 있다. 우리는 모두 우리에게 중요한 무엇인가가 있다. 우리의 삶의 건축물이 의지하는 그 어떤 것 말이다.

 예수께서는 우리 모두가 우리 삶의 기초를 시험받게 될 것이라고 말씀하셨다. 우리들 모두, 곧 지혜로운 건축자와 어리석은 건축자, 그리스도인과 무신론자들은 태풍에 드러날 것이다. 그리스도인들도 그냥 통과하지 못한다. 하나님은 자기 백성을 편애하시지 않는다. 그리스도인이라고 해서 인생 여정에 태풍을 만나지 않으리라는 보장은 전혀 없다.

## 바람의 의미

태풍은 우리를 시험하는 것이다. 생명의 빛 속에서 산다는 것이 우리 자신의 존재됨이 어떠한지에 관해 많은 것을 말해 주지는 않는다. 누구든지 태양이 비치고 바람이 잔잔할 때에 굳건히 서 있는 집을 지을 수는 있다. **우리 기초의 견고함과 약함을 드러내는 것은 바로 태풍이다.**

 때때로 태풍은 강한 유혹으로 우리에게 불어닥친다. 지난 두 주간 동안 나는 큰 유혹을 받고 있는 사람들과 대화를 나누었다. 한 사람은 어느 금융 기관에서 일하는데, 그는 갚을 수 없는 빚을 졌다. 그는 공금의 일부를 "빌리고 싶은" 유혹을 받았다. 물론 그는 어떤 사람이 발견하기 전에 갚을 작정이다. 또다른 한 사람은 자신의 결혼 생활과 가족과 명성을 버리고 싶다는 유혹을 강하게 받았다. 그는 자신이 알고 있는 젊은 여성에게 완전히 사로잡혀 있다. 우리가 진정으로 어떤 존재인가 하는 것은 바로 유혹이라는 폭풍이 드러낼 것이다.

때때로 태풍은 개인적인 손실을 안겨 준다. 당신은 유일한 수입원이며 당신에게 자긍심과 신체의 안전을 제공해 주는 직장을 잃을지도 모른다. 신중하게 투자한 주식이 갑자기 폭락할 때, 그것은 당신이 스스로 세운 안락한 삶을 파괴하려고 하는 폭탄과 같을 수 있다. 우리가 의존할 안전한 어떤 것을 세우지 못하고 우리 삶의 모든 것이 허물어지고 있다는 것을 깨달을 때, 우리는 우리 삶의 잘못된 기초가 드러나는 것을 보게 된다.

때때로 태풍은 우리가 병들어 있거나 죽음의 공포에 휩싸여 있을 때 휘몰아치기도 한다. 당신은 건강을 잃고 괴로워하며 고통을 당할 수 있다. 그리고 당신과 당신이 예상한 은퇴 후의 안락한 생활 사이에 죽음의 그림자가 다가올지도 모른다. 당신은 자신이 세운 삶의 기초가 강한지 자문(自問)하기 시작한다. 그리고 당신이 사랑하는 사람이 의문의 죽음을 당할 때, 그리 단단하지 않은 기초는 깨지기 시작할 수 있다. 이와 같이 시간이 우리 삶의 기초들을 드러낸다.

성공이 기초를 시험하기도 한다. 성공은 부드러운 봄비처럼 우리에게 온다. 처음에 우리는 성공이 우리 삶을 풍요롭고 건강하게 할 것이라고 확신한다. 그러나 계속해서 번영할 때, 그것은 태풍처럼 큰 파괴적인 힘으로 발전할 수 있다. 우리가 잃는 것이 아니라 얻는 것이 우리의 기초를 시험하는 최고의 기준이 될 때가 종종 있다. 많은 사람들이 큰 역경을 당함으로써보다는 큰 부(富)를 얻음으로써 영적인 기초를 잃게 된다.

우리 모든 사람들에게는, 삶과 죽음과 하나님이 있다는 사실과 마찬가지로 분명하게 심판의 태풍이 오고 있다. 우리는 모두 그리스도의 심판대에 서서 우리가 산 삶을 설명해야 할 것이다. 그 태풍은 우리의 기초가 반석인지 모래인지, 우리가 안전한 것 위에 집을 지었는지 아니면 덧없는 것 위에 집을 지었는지를 판단하는 마지막 시험이 될 것이다.

예수께서 선언하셨듯이 우리는 모두 집을 짓고 있으며, 우리가 짓고 있는 것은 햇빛이 아니라 태풍의 시험을 받을 것이다.

## 반석 위에 집을 짓는 자

예수께서 시사하신 세번째 것은 어떤 사람들은 견딜 것이고 어떤 사람들은 무너질 것이라는 사실이다. 예수께서는 그분의 말씀을 듣고 실천하는 자들은 지혜롭게 집을 짓는 사람이라고 말씀하셨다.

많은 종교적인 사람들은 성경을 아는 것이 성경을 순종하는 것과 같으며 성경 구절을 암송하는 것이 그것을 적용하는 것과 같으며 기독교의 교리를 인정하는 것이 그것을 실천하는 것과 같다고 잘못 생각한다. 예수께서는 "그렇지 않다"고 말씀하셨다. 물론 말씀을 듣는 것은 필수불가결한 것이지만, 그 말씀을 "행하는 것"이 말씀을 아는 것이다. 우리는 우리가 하나님을 절대적으로 필요로 함을 알아야 하며, 그런 다음 우리는 그 필요를 채워 주시는 하나님께 자신을 의탁해야 한다. 우리는 하나님을 확실히 의지해야 하고 그런 다음에는 반드시 순종해야 한다. **우리 삶의 중심, 초점, 기초는 예수 그리스도이어야 한다. 그 기초 위에 집을 짓는 사람들은 태풍이 올 때 견딜 것이다. 심판 날에 그 기초는 우리를 안전하게 지켜 줄 것이다.**

그러나 모든 집이 견디지는 못할 것이다. 사실, 산상수훈은 심판에 관한 격렬한 말씀으로 끝나고 있다. 우리는 낙관적이고 궁정적인 말씀으로 끝나는 그리고 우리 자신에 관해 좋은 느낌을 갖게 하는 설교를 좋아한다. 그러나 예수께서는 설교 끝부분에서 태풍에 관해 경고하시는 말씀을 하셨다.

예수께서는 심판과 지옥에 관한 많은 말씀을 하셨다. 산상수훈에서 그분은 두 문과 두 길과 두 목소리에 관하여 말씀하셨다. 넓은 길을 선택하는 사람들은 멸망할 것이고, 거짓 선지자들을 따르는 사람들은 쫓겨나 지옥불에 던져질 것이다. 5장에서 예수께서는 지옥에 관해 말씀하셨고, 지옥을 게헨나, 예루살렘 성 밖에 있는 쓰레기 소각장에 비유하셨다. 그분은 심판과 멸망을 우주의 쓰레기장에 버려지는 것으로 비유하셨다.

자신들의 집이 태풍에 견디지 못하는 자들에게 멸망이 임하고 있다는 것을 우리에게 말씀하시기 위해 예수께서는 온갖 상징, 곧 어둠, 불, 쓰레기 소각장을 사용하셨다. 하나님은 우리를 매우 진지하게 대하신다. 비록 우리는 우리 자신을 진지하게 직면하지 않을지라도 말이다. 그러나 우리가 내리는 결정과 우리가 세우는 기초는 영원한 의미가 있다. 우리는 난파 화물과 같은 쓰레기들이 아니다. 우리는 인생의 바람이 휘날리게 하는 낙엽이 아니다. 우리는 결정을 하며 우리의 존재를 스스로 세워 나간다. 그리고 모래 위에 집을 짓기로 선택하는 자들은 어느 날 자신들의 집이 무너진 것을 발견할 것이다.

그러므로 우리는 어떻게 집을 지을까에 주의를 기울여야 할 뿐만 아니라 우리가 어디에 기초를 세울 것인가를 신중하게 선택해야 한다. 우리 삶의 기초는 무엇인가? 진정으로 우리에게 중요한 것은 무엇인가? 그것은 바로 심판 때에 드러날 것이다.

## 예수님의 가르침의 내용과 방법

우리가 친구를 교회로 인도했을 때, 예배 후에 묻는 첫번째 질문은 "어떻게 생각하니?"이다. 우리는 친구가 설교와 설교자와 예배를 좋아하는지 알고 싶어한다. 우리들 대부분은 예수께서 열광적으로 외치신 말씀에 귀를 기울이지 않는다. 마태복음 7장 28절에서 우리는 그분의 청중들이 그분의 가르침에 놀랐다는 것을 알게 된다. 그들은 두 가지, 곧 그분의 가르침의 내용과 방법에 놀랐다.

### 첫째 / 가르침의 내용

예수님의 가르침은 그들이 이전에 들어 본 어떤 사람들의 가르침과도 달랐다. 그분은 그들에게 새로운 형태의 신앙이나 돈을 더 많이 내라거나 더 자주 예배에 참석하라고 촉구하시지 않았다. 그분은 그들에게 일상적인 종교 활동에 더 큰 헌신을 하라고 요구하지도 않으셨다. 그분은 그들의 동기, 그들의 내면 깊은 곳을 돌이켜보게 하셨다. 그분은 하나님이 중요하게 여기시는 것은 그들과 그분과의 관계라고 말씀하셨다. 그분은 참 종교는 어떤 외적인 행함이 아니라 깊은 실재(deep reality)라고 말씀하셨다. 그것으로부터 하나님에 대한 전적인 신뢰와 그들로 하여금 다른 사람들에게 가장 좋은 것을 추구하게 하는 사랑이 나온다.

그것은 1세기의 종교가 아니었으며, 솔직히 말해서 오늘날의 기독교도 아니다. 우리의 신앙 형태는 의식(儀式)과 출석과 별로 중요하지 않은 것들을 강조하며, 우리의 깊은 내면의 더 비중이 큰 것들을 무시한다.

### 둘째 / 가르침의 방법

예수님은 율법 선생이 아니라 권세 있는 자로서 가르치셨다. 랍비들은 고등 교육을 받았다. 그들은 천 년간의 종교적인 전통을 두루두루 알았고 모든 학문적인 견해들을 배웠다. 그러나 그들은 권위 있게 가르치지 못했다. 그들의 가르침은 대부분 단순히 전문가들의 말을 인용하는 차원에 머물렀다. 그들에게 귀를 기울이는 것은 마치 확대된 각주를 어떤 사람이 읽는 것을 듣는 것과 같았다.

예수께서는 그렇게 가르치시지 않았다. 산상수훈이 전해진 지 2천 년이 지난 지금, 우리는 이런 차이의 중요성을 알 수 없을지도 모른다. 예수께서는 30세 가량 되셨는데, 고대 세계의 기준으로는 나이가 많지 않은 셈이다. 그분은 별로 중요하지 않은 작은 마을 나사렛에서 성장하셨다. 나다나엘은 예수께서 나사렛 출신이라는 말을 듣고서 다음과 같이 말하였다.
"나사렛에서 무슨 선한 것이 날 수 있느냐"(요 1:46).
예수께서는 목수요 장인(匠人)이셨다. 그분은 랍비들이 다니는 학교를 다니지 않았다. 그분은 종교적인 전통들을 공부한 적이 없었다. 그러나 제 5류의 작은 마을 출신이며 30여 세 된 이 목수의 아들은 나이 많은 서기관과 율법 선생들이 가지지 못한 권위로 말씀하셨던 것이다.

선지자들은 구약에서 말씀을 선포할 때 "여호와께서 이렇게 말씀하셨다"라고 말함으로써 그들의 메시지를 시작했다. 그 짧은 문구는 구약성경에서 거의 3천 번이나 나온다. 선지자들은 자신들의 권위로 말한 것이 아니라 하나님의 권위로 말했다. 예수께서는 결코 이 문구를 사용하시지 않았다는 것은 놀라운 일이다. 그분은 자기 자신의 권위로 말씀하셨다.

마태복음 5장 17절에서 예수께서는 율법을 완전케 하려고 오셨다고 말씀하셨다. 예수께서는 율법이 가리키는 모든 것을 자신의 생애에서 그 삶으로써 구현하셨다. 행동에서 뿐만 아니라 동기에서도 그렇게 하셨다. 더욱이 예수께서는 구약의 모든 것, 자신을 가리키는 모든 예언, 자신과 관련된 모든 약속, 궁극적으로 자신을 언급한 모든 역사, 자신을 가리키는 모든 미래를 성취하셨다고 말씀하셨다. 그분은 모든 선지자들이 말씀한 바로 그분이셨다.

온 세상의 심판주가 이 설교를 하셨다. 그리고 영원한 운명은 사람들이 그분과 함께 행한 것과 그분이 그들과 함께 행한 것에 따라서 결정될 것이다. 예수께서는 산상수훈 전체를 통해 권위 있게 말씀하셨다. 그분이 율법을 해석하거나 재적용하실 때, 약속하실 때, 명령하실 때, 금하실 때, 그분의 말씀에는 권위가 있었다. 그분은 하나님의 이름으로가 아니라 하나님 자신으로서 말씀하셨다. 이스라엘 사람들은 그렇게 말하는 사람의 말을 들은 적이 없었다. 왜냐하면 그분과 같은 사람이 이전에 땅에 나타난 적이 없었기 때문이다.

산상수훈을 연구하고 나면, 우리는 산상수훈이 단순히 또다른 하나의 도덕적인 법전이 아니라는 것을 깨닫게 된다. 산상수훈에는 우리를 책망하고 우리의 동기를 드러나게 하고 우리의 마음 깊은 곳을 꿰뚫어보는 통찰력이 있다. 그리고 예수께서 팔복 중에 첫번째로 말씀하신 것처럼, 우리는 심령이 가난하게 되어 우리를 그분께 맡기게 된다.

산상수훈이 끝났을 때 사람들은 예수께로 몰려갔다. 그들은 그분의 가르침의 내용과 방법에 놀랐다. 결국, 가치 있는 설교는 우리를 예수 그리스도께로 돌아오게 한다. **기독교는 그리스도 없**

이는 존재하지 않는다. 기독교의 본질은 행동의 양식이 아니라 사람에 대한 관계이다. 율법이 아니라 주님과의 관계이다. 그리고 그것은 영원한 기초이다. 곧, 그분은 우리가 우리의 삶을 안전하게 세울 수 있는 유일한 토대이다.

세계 선교국(World Vision Board)이라는 구제 기관의 창설자인 밥 피어스(Bob Pierce)는 그 기관의 회원들과 다툰 후에 자신의 생애의 업적을 양도했다.
"나는 그들에게 모든 것을 주었다. 내 필름, 내 사무소, 내 일…. 만일 그들이 그렇게도 그것을 원한다면 가질 수 있다고 나는 그들에게 말했다. 나는 아무 것도 가지지 않고서 시작했으니 아무 것도 가지지 않은 채 떠날 것이다."
피어스는 결정을 한 후 자기 가족에게 그렇게 설명했다.

피어스의 딸, 마릴리 피어스 덩커(Marilee Pierce Dunker)는 『영광의 날, 밤의 계절』(*Days of Glory, Seasons of Night*)에서 가족의 반응을 다음과 같이 서술했다.
"예수께서는 여전히 우리 삶이 세워지는 기초, 곧 어제나 오늘이나 내일도 언제나 변함없는 굳건한 반석이시다."
그녀는 또한 이렇게 말했다.
"갑자기 어떤 명쾌한 정의(定義)도 존재하지 않게 되었다. 왜냐하면 우리 존재의 목적을 조정하고 정의하던 것, 곧 사역이 사라졌기 때문이다…우리 친구, 우리의 가족 관계, 우리 자신에 대한 우리의 태도, 그 모든 것은 그 사역에서부터 나왔다. 우리는 진정으로 놀라운 것…우리 삶에 특별한 의미와 목적을 부여하는 어떤 것에 속했다는 조용한 확신 속에서 살았다."

예수께서는 우리가 그분 외에 다른 어떤 것, 심지어 종교적인 대의명분이라 할지라도, 그것 위에 우리 삶을 세울 때 우리는 모든 것을 잃고 마는 위험에 처하게 된다고 말씀하셨다. 덩커는 그 당시의 자기 아버지를 "자신이 만든 제국에서 추방당한 왕과 같다. 그는 노호(怒號)와 폭풍 전야의 침묵으로 자신이 잃어버린 것을 슬퍼했다. 그의 내부의 소용돌이가 통제할 수 없을 정도로 흔들리고 숨막힐 정도로 한바탕 발작을 일으키기 시작했을 때, 우리는 모두 점점 관심을 가지면서 지켜보았다"고 진술했다.

피어스의 열 살 난 딸, 로빈(Robin)은 그날 전가족을 대신하여 이렇게 물었다.
"엄마, 이제 우리는 누구지요?"

**굳건한 반석(그리스도) 위에 집을 짓는 무리에 속하는 사람들은 항상 자신들이 누구에게 속하는지를 안다.**

망망한 바다 한가운데서 배 한 척이
침몰하게 되었습니다.
모두들 구명보트에 옮겨 탔지만
한 사람이 보이지 않았습니다.
절박한 표정으로 안절부절 못하던 성난 무리 앞에
급히 달려 나온 그 선원이
꼭 쥐고 있던 손바닥을 펴 보이며 말했습니다.
**"모두들 나침반을 잊고 나왔기에…"**
분명, 나침반이 없었다면 그들은 끝없이 바다 위를
표류할 수밖에 없을 것입니다.

삶의 바다를 항해하는 모든 이들을 위하여
우리는 그 나침반의 역할을 하고 싶습니다.
우리를 구원하신 아름다운 주님을
21세기 문명의 이기(利器)를 통하여
널리 전하고 싶습니다.

우리 나침반 가족은
구원의 복음과 진리의 말씀을 전하며
당신의 믿음 성장과 삶을, 가정을, 증거를,
그리고 당신의 세계를 돕고 싶습니다.

그리스도 안에서
우리는 당신을 진실로 사랑합니다.

"하나님은 모든 사람이 구원을 받으며
진리를 아는 데 이르기를 원하시느니라."
(디모데전서 2장 4절)

## 건전한 자아상을 가지라

**프레드 레니크, 노먼 라이트 지음**　4×6 변형양장

당신이 실제로는 두 사람이라는 사실을 알고 있는가?
겉으로 보이는 당신 / 속에 감춰진 당신!!
당신 속에 있는 참된 당신을 만나라!

### 공부도 잘하고 예수도 잘 믿게 하는 비결 12가지!

## 이한수 목사의 **파워학습법**

**이한수 목사 지음**　신국판(A5 신)

12년에 걸쳐 영어 영성세미나와 교육부흥회를 인도해 온 저자의 독특한 노하우!
파워학습법을 통해서 성공을 거둔 많은 학생들의 생생한 체험!

### 3년간 활용할 수 있는 기도 수첩!

## 오직 기도와 간구로 구할것을 하나님께 *아뢰라!*

**김장환 목사 지음**　4×6 배판 바인더

매일매일 기도 제목을 기록하면서 기도 응답을 점검할 수 있다. 아울러 성경 통독 지침과 기도에 관한 예화가 포함되어 있어 개인 경건 훈련에 아주 유익하다.

### 자녀를 위한 30일 작정 기도 교과서!

## 자식의 장래는 부모의 무릎에 달려있다

**스토미 오마샨 지음**　신국판(A5 신)

'완벽한 부모가 되기보다는 기도하는 부모가 되라.'
자녀들을 위해 기도하도록 이끄는 구체적인 지침서.

# PINOCCHIO NATION

# 피노키오들이 판치는 세상

**거짓**이 난무하는 문화속에서 **진실**하게 살아가는 방법!

우리가 모두 피노키오라면 과연 우리 코는…

"세상에 믿을 놈 하나도 없어!"
"이 물건 진짜야, 가짜야?"
"도대체 누구 말이 사실이야?"
"정치인들 말을 어떻게 믿어?"
"거짓말을 밥 먹듯 하는군!"
"콩으로 메주를 쑨다고 해도 내 말을 못 믿어!"

데블린 도널드슨 & 스티브 웸버그 공저 / 조정아 옮김

---

마틴 로이드 존스 목사의

# 세상의 유일한 희망

마틴로이드 존스 지음 / 김현준 옮김

## 테크노피아의 시대, 낙원은 존재하는가?

인간은 어떻게 낙원으로 돌아갈 수 있을까?
왜 고도로 발전된 이 세상은 나아지지 않는 것인가?
왜 이 세상에 전쟁과 고통이 그치지 않는가?

# 예배자의 기쁨을 회복하라

THE SECRET PLACE OF JOY

이젠, 예배가 거듭나야 한다!

브라운스빌 교회 찬양 사역자
린델 쿨리 목사 지음

"와-!" 하고 탄성을 지르게 하는 예배는 초점을 어디에 두느냐에 따라 결정된다.
기쁨으로 충만해지는 예배를 드리기 위한 우리의 태도와 마음가짐에 대한 도전!

# 교회! 하나만 주고가이소

낙도 선교회 지음

복음의 열정에 사로잡혀 이 땅의 끝을 찾아 떠나는
이 시대 젊은이들의 가슴벅찬 이야기

## 반석 위에 인생을 세우는 법

**지 은 이** | 해돈 로빈슨
**옮 긴 이** | 김문철
**발 행 인** | 김용호
**발 행 처** | 나침반출판사

**발 행 일** | 2006년 2월 20일 재발행

**등 록** | 1980년 3월 18일 / 제 2-32호
**주 소** | 110-616 서울 광화문 사서함 1641호
**전 화** | 본 사 (02)2279-6321~3
          영업부 (031)932-3205
**팩 스** | 본 사 (02)2275-6003
          영업부 (031)932-3207

**홈 페 이 지** | www.nabook.net
**이 메 일** | nabook@korea.com
            nabook@nabook.com

ISBN 89-318-1344-9
책번호 가-3065

값은 뒷표지에 있습니다.

나침반출판사는 우리를 구원하신 아름다운 주님을
21세기 문명의 이기(利器)를 통하여 널리 전하고 싶습니다.